Daniel Unger

Konfrontative Pädagogik in der Realschule plus

Ein Modell der Implementierung

Bachelor + Master
Publishing

Unger, Daniel: Konfrontative Pädagogik in der Realschule plus. Ein Modell der Implementierung, Hamburg, Diplomica Verlag GmbH 2012
Originaltitel der Abschlussarbeit: Pädagogisch-didaktische Handlungsperspektiven für die Realschule plus · besorgt am Beispiel von konfrontativer Pädagogik (Bootcamps)

ISBN: 978-3-86341-464-1
Druck: Bachelor + Master Publishing, ein Imprint der Diplomica® Verlag GmbH, Hamburg, 2012
Zugl. Universtität Koblenz-Landau, Koblenz, Deutschland, Bachelorarbeit, November 2011

Bibliografische Information der Deutschen Nationalbibliothek:
Die Deutsche Nationalbibliothek verzeichnet diese Publikation in der Deutschen Nationalbibliografie; detaillierte bibliografische Daten sind im Internet über http://dnb.d-nb.de abrufbar.

Die digitale Ausgabe (eBook-Ausgabe) dieses Titels trägt die ISBN 978-3-86341-964-6 und kann über den Handel oder den Verlag bezogen werden.

Inhaltsverzeichnis

1 Einleitung

Gegenstand der vorliegenden Bachelorarbeit ist die Konfrontative Pädagogik und ihre Anwendungsmöglichkeiten in der Schule mit dem Schwerpunkt der Realschule plus. Die Konfrontative Pädagogik ist eine Methode aus der Straffälligenhilfe und hat ihren Ursprung in den amerikanischen Bootcamps. Sie existieren seit 1983 und sind nach dem Vorbild militärischer Grundausbildungslager eingerichtet worden. In Deutschland wurden sie später in verschiedenen Feldern der sozialen Arbeit erprobt und findet heutzutage auch in anderen Bereichen, z.B. in der Schulpädagogik, Anwendung. Seit ihrem Bestehen polarisiert die Konfrontative Pädagogik. Sie sorgt in der Fachöffentlichkeit aufgrund ihrer Leitlinien für erhebliche Irritation und ihre Methoden und Wirkungen werden sehr unterschiedlich bewertet. Die in Deutschland in den letzten 10-15 Jahren drastisch angestiegene Jugendgewalt verlangte lautstark nach alternativen pädagogischen Lösungen und Methoden. Seitdem erfreut sich die Konfrontative Pädagogik wachsender Beliebtheit und ihr Ansehen ist gestiegen. In Deutschland existieren mittlerweile verschiedene Schulen, die konfrontative Ansätze in ihr schulisches Gesamtkonzept integriert haben und in enger Kooperation zu externen Institutionen wie der Jugendhilfe stehen. Anwendungsformen der konfrontativen Pädagogik sind beispielsweise das Anti-Aggressivitäts-Training (AAT), das Coolness-Training (CT) oder das Konfrontative soziale Training (KST). In meiner Bachelorarbeit befasse ich mich zu Beginn mit den Merkmalen der Konfrontativen Pädagogik und zeige auf, wo ihre Anwendungsbereiche liegen. In diesem Zusammenhang gehe ich ebenfalls auf ihre historische und aktuelle Entwicklung in Deutschland ein. Anschließend thematisiere ich ihre Ursprünge und erläutere vertiefend die Merkmale amerikanischer Bootcamps anhand exemplarischer Einrichtungen. Daraufhin erörtere ich die normativen Rahmenbedingungen, die im Hinblick auf eine Anwendung in der Schule bestehen. Kernthema und zugleich Motivation meiner Arbeit ist es herauszufinden, inwiefern die Ziele der Konfrontativen Pädagogik mit den Zielen der normativen Vorgaben der Schule übereinstimmen und inwiefern eine Anwendung in der Schule realisierbar ist. In diesem Zusammenhang stelle ich bereits durchgeführte Programme an der Realschule plus vor und entwickele ein Modellprojekt, indem die Inhalte der Konfrontativen Pädagogik unter Einhaltung der Rahmenbedingungen umgesetzt werden. Letztlich findet ein Ausblick statt, der zukünftige Möglichkeiten und Handlungsperspektiven aufzeigt.

2 Konfrontative Pädagogik

Im Folgenden wird die Konfrontative Pädagogik hinsichtlich ihrer Begrifflichkeit, ihrer historischen und aktuellen Entwicklung analysiert und ihre Anwendungsbereiche vorgestellt.

2.1 Begriffsdefinition und allgemeine Merkmale

Der Begriff „Konfrontation" lässt sich anhand seiner Synonyme eindeutig erläutern und die grundsätzlichen Inhalte der Konfrontativen Pädagogik werden durch sie ebenfalls charakterisiert. Es wird von einer Konfrontation gesprochen, wenn zwei Personen gegenübergestellt werden, um einen Widerspruch oder eine Unstimmigkeit auszuräumen oder wenn jemand in die Lage gebracht wird, sich mit Unangenehmen auseinanderzusetzen. Diese Situationen umschreiben exemplarisch das grundsätzliche Ziel der Konfrontativen Pädagogik, nämlich den Klienten dazu zu bringen, sich direkt und ohne Ausflüchte mit dem eigenen Fehlverhalten zu beschäftigen. Dennoch beschreibt der Begriff "Konfrontative Pädagogik" ein unspezifisches Spektrum pädagogischer Prinzipien, da verschiedene Möglichkeiten und Ansätze existieren, jemanden zu konfrontieren. Der Begriff und die methodischen Grundlagen orientieren sich vor allem an einer Übertragung aus dem therapeutischen Kontext. Der Begriff wurde in Anlehnung an die kognitionspsychologisch orientierte „konfrontative Therapie" (Corsini 1994 S.555f.) und die "provokative Therapie" (Farrelly / Matthews 1994, S.956f.) entwickelt (Vgl. Weidner 2002, S.42). Bei der „Konfrontativen Pädagogik" geht es weniger um eine neue Form erziehungswissenschaftlicher Theoriebildung, sondern vielmehr um eine Wiederbelebung der konfrontativen Methodik in der Alltagspraxis sozialer Arbeit und Pädagogik. Die Konfrontative Pädagogik oder präziser formuliert die konfrontative Methodik in der Pädagogik versteht sich als eine Ergänzung, nicht als Alternative zu einem lebensweltorientierten Verständnis. Sie begreift sich als sozialpädagogische ultima ratio, also die letztmögliche Lösung bzw. das äußerste Mittel im Umgang mit Mehrfachauffälligen (Vgl. Weidner 1999, S.4f.). In diesem Zusammenhang spricht sie besonders die Mehrfachauffälligen an, die Freundlichkeit als Schwäche werten. Die Konfrontative Pädagogik ist eindeutig interventionistisch, d.h. sie greift ein und reguliert. Konfrontation stellt in diesem Zusammenhang nur eine von zahlreichen Interventionsformen dar. Die angewendeten Interventionsformen reichen von einem sensiblen verbalen Hinweis bis hin zu Sanktionen, die der Wiedergutmachung dienen. Es wird ein breites Spektrum an Interventionsmöglichkeiten eingesetzt, um die Vermeidungs- bzw. Neutralisierungstechniken der Klienten aufzulösen und um letztendlich Scham- und Schuldgefühle zu wecken. Interveniert wird dann, wenn non-direkte Gesprächsführung, einfühlsame Hilfe für den Einzelnen oder ein lebensweltorientierter Zugang allein nicht mehr ausreichen (Vgl. Weidner 2001, S.7). Im Alltag bedeutet das für den Pädagogen zu intervenieren, wenn er eine Störung sozial-kommunikativer Gruppenbezüge, Verletzungen individueller Freiheitsrechte oder eine Nichtakzeptanz der Unversehrtheit einer anderen Person durch einen Regelverletzer bemerkt. Der entsprechende Klient wird direkt nach seiner Regelüberschreitung mit seiner Tat oder aber mit den/der betroffenen Person konfrontiert (Vgl. Kilb u.a. 2006, S.45f.). Eine unmittelbare Intervention ist für den Erfolg der Methode relevant, denn nur so wird ein direkter Bezug des Klienten zu seinem Fehlverhalten hergestellt. Hinzu kommt die Notwendigkeit einer unmittelbaren Intervention, denn abwarten und gewähren lassen bedeutet, dass Opfer billigend in Kauf genommen werden. Dies gilt bei gewalttätigen Auseinandersetzungen, aber auch bei verbaler, repressiver Gewalt. Die Konfrontative Pädagogik orientiert sich am autoritativen Erziehungsstil. Dieser zeichnet sich durch emotionale Wärme und Zuwendung, aber auch durch verständlich begründete, klare Strukturen und Grenzen sowie durch entwicklungsgerechte Aufgaben und Herausforderungen aus. Er ist weder stumpf-militärisch, noch wird dem Klienten alles erlaubt. Die gezogenen Grenzen werden verständlich durch den Erzieher erklärt. „Der Betroffene soll Akzeptanz erfahren, jedoch nicht seine Taten" (Weidner 2002, S.39). Es geht darum, „abweichendes Verhalten zu verstehen, aber nicht damit einverstanden zu sein" (Weidner 2002, S. 42). Die Konfrontative Pädagogik ist ein Ansatz mit einem optimistischen Menschenbild und zielt primär darauf ab, die Selbstverantwortung des Klienten zu fördern. Gelingt dies nicht, wird auch eine sekundäre Veränderungsmotivation akzeptiert. Sie wird durch äußeren Druck erzeugt, der sich beispielsweise in Regelverschärfungen oder anderweitigen Sanktionen bemerkbar macht. Grundlage konfrontativer Pädagogik ist eine durch Sympathie und Respekt geprägte Beziehung zwischen Pädagogen und Klienten, in der abweichendes Verhalten kritisiert und auf eine Verhaltensänderung hingewirkt werden soll (Vgl. Weidner 2002, S.39). Sinnhaftigkeit und Gelingen der Konfrontativen Pädagogik stehen in einem normativen Bezug. Den normativen Maßstab bildet die Einhaltung der Grund- und Menschenrechte. Dieser fungiert im Zusammenspiel mit den Interaktionsregeln. Diese werden von den beteiligten Institutionen oder anhand eines demokratischen Prozesses, bei dem der Klient beteiligt ist, definiert. Beispielsweise wird ohne eine Interventionserlaubnis des Betroffenen nicht konfrontativ gearbeitet. Beides zusammen ergibt für alle Beteiligten eine „normative Mitte" sowie klar benannte und einzuhaltende Grenzen. Diese zusammen kreierte Interaktions- und Kommunikationskultur ist für beide Parteien den situativen als auch individuellen Verhaltensbedürfnissen übergeordnet und hat immer Priorität. Die konfrontativen Elemente lassen sich gut mit einem demokratisch-partizipativ-partnerschaftlichen Erziehungsrahmen verknüpfen. Außerdem besteht die Möglichkeit, beispielsweise bei extremen Regelverstößen sowie bei stark grenzüberschreitendem Verhalten des Klienten temporär auf diesen Erziehungsrahmen zurückzugreifen. In beiden Fällen ist es im Kontext einer gelingenden Konfrontation wichtig, den anfänglich autoritären Rahmen möglichst bald durch einen demokratisch-partizipativ orientierten zu ersetzen (Vgl. Kilb u.a. 2006, S.46). Die Anwendbarkeit in Verbindung mit dem Laisser-Faire-Stil sowie einem autoritär-patriarchalischen Erziehungsstil ist hingegen schwer realisierbar (Vgl. Lenzen 2002, S.109). Inhalte wie akzeptierendes Begleiten, permissives Verständnis sowie die Ansicht, dass die Ursachen für abweichendes Verhaltens primär im gesellschaftlichen Kontext zu finden sind, sind nicht mit der Konfrontativen Pädagogik vereinbar.

2.2 Historische und aktuelle Entwicklung

Die Konfrontative Pädagogik hat ihren Ursprung in der Glenn Mills School, einer US-amerikanischen Jugendhilfeeinrichtung, die außerordentlich erfolgreich mit delinquenten Gang-Jugendlichen arbeitet. Sie gilt als Vorreiter-Institution der konfrontativen Methode. 1975 übernahm Sam Ferrainola die Jugendhilfeeinrichtung und reformierte bis 1980 die gesamte Einrichtung. In diesen 5 Jahren wurde das Gebäude renoviert und das gesamt Konzept umgestellt. Behandlungsgrundsätze, Programme, Personal, Organisationsstruktur und Finanzierungspläne wurden reformiert. Das erzieherische Fundament der Glen Mills School bildeten von nun an konfrontative Techniken. Der pädagogische Ansatz der Glen Mills School wird in Deutschland als Symbol einer Paradigmaverschiebung in der (Sozial-) Pädagogik vom akzeptierenden Ansatz hin zur konfrontativeren Pädagogik angesehen und mystifiziert (Vgl. Denz / Weidner 2003, S.1). Obwohl die Techniken der Konfrontativen Pädagogik seit den 1970er Jahren in der Bundesrepublik bekannt sind, lösen sie seitdem bei vielen Sozialpädagogen heftige Abwehrreaktionen aus (Vgl. Simon 2003, S.38f.). Diese sind einerseits dadurch zu begründen, dass die Leitlinien der Konfrontativen Pädagogik sich an einem kriminalsoziologischen Paradigma sowie einem pragmatischen Selbstverständnis orientieren und damit völlig abseits der Leitlinien deutscher Sozialpädagogik liegen. Diese sind in Deutschland seit den 1970er Jahren so selbstverständlich, dass sie nicht mehr in Frage gestellt werden und andere Ansätze und Methoden so nur schwer an Akzeptanz gewinnen können. Andererseits wird angenommen, dass die Konfrontative Pädagogik seit jeher für den Berufsstand der Pädagogen eine massive Kränkung darstellt. Bereits der Begründer der Glen

Mills School machte keinen Hehl daraus, dass er von den Kompetenzen der Sozialpädagogen nicht überzeugt ist. Er vertraut lieber den Fähigkeiten ehemaliger Kriminellen, durchtrainierter Sportler und geschickter Handwerker, die sich alle nicht von dem teilweise aggressiven und expansiven Verhalten der Jugendlichen einschüchtern lassen (Vgl. Tischner 2004, S.25).

Trotz einer in der deutschen Historie eher ablehnenden und skeptischen Haltung der Konfrontativen Pädagogik gegenüber hat sich mittlerweile sowohl die öffentliche als auch fachmännische Meinung zu ihr teilweise geändert. Hauptursache hierfür ist die drastisch angestiegene Medienpräsenz zum Thema Jugendgewalt in den vergangenen 10-15 Jahren, aus der sich eine Sicherheitsdebatte entwickelte. Obwohl Jugendgewalt bereits seit 1970 ein vertrautes Thema ist und sich insbesondere ihr quantitatives Vorkommen nicht nennenswert geändert hat, ist es umso bemerkenswerter, dass gerade in den letzten 10 Jahren deutlichere Reaktionen und Bewältigungsbemühungen stattfinden. (Vgl. Witte / Sander 2006, S.124). Dieser Umstand ist eventuell dadurch zu erklären, dass sich in den letzten Jahren die Hinnahme- und Verständnisbereitschaft der Bürger geändert hat und sich viele Bürger mittlerweile persönlich bedroht fühlen, wenn sie bestimmte Delikte in den Medien sehen. Leider beschränkt sich die Sicherheitsdebatte jedoch nicht auf den Jugendhilfe- bzw. kriminalpolitischen Kontext, sondern ist Gegenstand eines politischen und öffentlichen Kontextes, der oftmals ein fachliches Hintergrundwissen vermissen lässt (Vgl. Grummt u.a. 2010, S.7f.). Charakteristisch für die Debatte sind die Argumentation und Polarisierung mittels gängiger Figuren und stereotypen Phrasen. Die Verursacher der Gewalt werden hier der männlichen und jungen Bevölkerung zugewiesen und ein Migrationshintergrund wird zusätzlich häufig als Zuordnungskriterium benutzt. Die Thematik verliert nicht an Brisanz, da die Medien in regelmäßigen Abständen vermeintliche Schlüsselereignisse zu dramatischen Verzerrungen der Wirklichkeit nutzen und die Thematik so weiter anheizen. Als vermeintliche Symbolereignisse werden besonders scheußliche und schwerwiegende Taten herangezogen. Für viele Mitbürger scheinen diese einzelnen sehr brutalen Gewalttaten ein Indiz für eine allgemein gesunkene Hemmschwelle und somit eine Bestätigung für das medial erzeugte Bild zum Thema Jugendgewalt zu sein. Es findet eine Gleichstellung der erhöhten Medienpräsenz mit einer gestiegenen Jugendgewalt in der Realität statt. Das Motiv der Medien, hohe Einschaltquoten zu erzielen, ist in diesem Zusammenhang nicht zu unterschätzen. 1997/1998 wurde beispielsweise über den damals 14-Jährigen Muhlis, A. berichtet, der nach einer Serie von 67 nachweisbaren Straftaten aus der U-Haft in die Türkei abgeschoben wurde. Er lebte anschließend phasenweise immer wieder in der Bundesrepublik und genoss dabei jeweils eine hohe mediale Aufmerksamkeit. Ähnliche Berichte gibt es über die blutigen U-Bahn-Vorfälle der Jahre 2007 und 2009 in München, in denen ebenfalls das Kriminalitätsphänomen „junger Intensivtäter" thematisiert wird. Als aktuellstes Beispiel ist die Verurteilung des 18-jährigen U-Bahn Schlägers Torben P. zu nennen, der vom Berliner Landgericht wegen versuchten Totschlags und gefährlicher Körperverletzung zu zwei Jahren und zehn Monaten Jugendstrafe ohne Bewährung verurteilt wurde. So ist es nicht verwunderlich, dass Themen wie Erziehungscamps, geschlossene Unterbringung und das Heruntersetzen der Strafmündigkeitsgrenze immer wieder auf der Tagesordnung stehen. Die Sicherheitsdebatte um den richtigen Umgang mit schwierigen Jugendlichen hat sich mittlerweile auf alle beteiligten Bereiche und Institutionen wie Schule, Jugendhilfe und andere Bereiche sozialer Arbeit ausgeweitet. Unter Fachleuten führte sie zu einer regen Diskussion, welche pädagogischen Mittel hier anzuwenden sind und der Erwartungsdruck an angesprochene Einrichtungen steigt. Die selektive Bearbeitung von Jugendgewalt und eine immer präsente Sicherheitsdebatte hat die Öffentlichkeit zunehmend in eine Richtung geformt, in der kein Platz mehr für „Kuschelpädagogik" ist. Sie soll durch Handlungskonzepte abgelöst werden, die „maßnahmeresistenten Problemjugendlichen Grenzen aufzeigen und ihnen Strukturen vorgibt" (Witte / Sander 2006, S.23). Die aktuelle Entwicklung kann überspitzt als eine Umwandlung vom Wohlfahrtsstaat zu einem Sicherheitsstaat bezeichnet werden, bei dem die Gefahr besteht, dass der grundgesetzliche Legitimationsbereich verlassen wird und er verstärkt ordnungspolitische, kontrollierende und strafend-repressive Funktionen einnimmt (Vgl. Grummt u.a. 2010, S.8). Es ist anzumerken, dass der Ruf nach einer härteren Gangart im Umgang mit schwererziehbaren Kindern und Jugendlichen kein ausschließlich nationales Phänomen darstellt. Die Debatte, ob Bestrafung oder Fürsorge sinnvoller ist, wird in den meisten westlichen Ländern geführt. So ist es auch dort der Fall, dass unterschiedliche Strategien zum Thema Jugendgewalt und Repression immer wiederkehren und hierbei wissenschaftliche Erkenntnisse und historische Erfahrungen ignoriert werden. Es findet ein Paradigmenwechsel von der sozialen Integration zum sozialen Ausschluss statt, der eine neue Kultur der Kontrolle, des Strafens, der Disziplinierung und des Zwanges mit sich bringt (Vgl. Köttgen 2007, S.146). In Deutschland führte diese Entwicklung zu verschiedenen Änderungen im Bereich der Jugendarbeit. Es bilden sich seitdem die unterschiedlichsten Arbeitskreise, Ausschüsse, Kommissionen und Gremien, die alle im Zeichen von Sicherheit und Prävention agieren. Zu diesen zählen (kriminal)präventive Räte, Sicherheitspartnerschaften, ämterübergreifende Kooperationen, deliktbezogene und tätergruppenorientierte Projekte. Sie alle stehen in einer engen Verbindung zur Jugend- und Schulsozialarbeit, Gemeinwesenarbeit, Nachbarschaftsbelebungen und Wohn-umfeldverbesserungen. Im nächsten Abschnitt werden Projekte und Institutionen vorgestellt, die konfrontative Methoden anwenden.

2.3 Anwendungsbereiche

Die Anwendungsbereiche der Konfrontativen Pädagogik sind vielfältig und übergreifend. Sie reichen von einfachen ambulanten Maßnahmen bis hin zu durchorganisierten Konzepten, die schulintern als auch schulübergreifend zum Einsatz kommen. Die große Vielzahl an konfrontativen Methoden und ihr grundsätzlich ergänzender Charakter erlauben es, trotz unterschiedlicher Anforderungen eine stimmige Methode zur Verfügung stellen zu können. Der Anwendungsbereich umfasst alle drei kriminalwissenschaftlich festgelegen Präventionsstufen. D.h. die Konfrontative Pädagogik wird in der primären, sekundären und tertiären Prävention eingesetzt. Erstere richtet sich an die Allgemeinheit und ihr Ziel sind allgemeine Ursachen von Kriminalität. Die sekundäre Prävention umschreibt Maßnahmen, die an bereits erkannte Risiken und Gefährdungslagen anknüpfen. Der Bereich der tertiären Prävention behandelt bereits straffällig gewordene Klienten und beinhaltet bis hin zum Strafvollzug alle Maßnahmen, die der Vermeidung eines Rückfalles dienen (Vgl. Meier 2003, S.272). Eine der bekanntesten Einsatzformen der Konfrontativen Pädagogik ist das Anti-Aggressivitäts-Training (AAT) aus dem tertiären Präventionsbereich. Es wurde ursprünglich für den Umgang mit Gewalttätern im amerikanischen Strafvollzug konzipiert und hat mittlerweile in Deutschland seinen Durchbruch gefunden. Es wurde zum ersten Mal in der Justizvollzugsanstalt Hameln eingesetzt und in das dortige Konzept eingebunden. Der Anwendungsbereich des Anti-Aggressivitäts-Trainings ist auf die Arbeit mit bereits auffälligen und delinquenten Jugendlichen beschränkt (Vgl. Kilb u.a. 2006, S.107), jedoch entstanden seit seinem Durchbruch in Deutschland parallel zahlreiche pädagogisch verwandte Handlungsansätze, die andere Anwendungsvarianten eröffnet haben. Konfrontative Methoden finden bereits im primären wie auch im sekundären vorbeugenden Bereich Anwendung. Als Beispiel sind in diesem Zusammenhang das Coolness-Training (CT) für die ambulante Arbeit mit gewaltbereiten Jugendlichen und das kon-frontative Interventionsprogramm (KIP) zu nennen. Das Coolness-Training stellt hierbei meist ein Hilfsangebot auf freiwilliger Basis dar, das sich an Jugendliche mit gewissen Auffälligkeiten und gewaltbereitem Verhalten richtet. Seine Zielgruppe zeigt noch keine Ver-festigung dieses Verhaltens im strafrechtlichen Sinne (Vgl. Gall 2001, S.150f.). Coolness-Trainings werden in der Schule, in peer-groups, im Streetwork-Bereich und in der Jugendhilfe angeboten. Das Konfrontative Interventionsprogramm wurde vom Lehrerkollegium der Eylardus-Schule 1996 entwickelt (Vgl. Kilb u.a. 2006, S.124). Ziel war es, den angestellten Lehrern Handlungsstrategien an die Hand zu geben, um sich in einem von Gewalt geprägten Schulalltag behaupten zu können. Das Programm basiert auf den für Straftäter konzipierten Anti-Aggressivitäts-Trainings und wurde auf die Anforderungen des

Schulalltags zugeschnitten und auf die spezifischen Erfordernisse von gewaltbereiten Kindern und Jugendlichen abgestimmt. Der Anwendungsbereich des Konfrontativen Interventionsprogramms setzt sich aus der Schule und ihren internen Angeboten wie Lerngruppen, sozialen Einzel- und Gruppenstunden und Krisenberatung sowie schulübergreifenden Angeboten wie Keep Cool-Gruppen, Elterntraining, Kooperation mit dem Jugendamt und der Polizei, zusammen (Vgl. Kilb u.a. 2006, S.126). Ziel ist eine enge Vernetzung und Kooperation mit den externen Partnern. Ziel ist es, verhaltensauffällige Jugendliche möglichst jeder Zeit und an jedem Ort mit ihrem Fehlverhalten konfrontieren zu können und so die Effizienz des Programmes weiter zu erhöhen. Ein weiterer Anwendungsbereich der Konfrontativen Pädagogik ist das Konfrontative Soziale Training. Es wurde im Jahr 2000 in Zusammenarbeit des Vereins „Rauchzeichen" mit der Jugendgerichtshilfe Hamburg-Harburg entwickelt und richtet sich an Mehrfach-, Intensiv- und Ersttäter, die gravierende Straftaten begangen haben (Vgl. Krohn u.a. 2006, S.143). Da im schulischen Sektor großes Interesse und starke Nachfrage an dem Programm bestand, wurde das Konzept für die Schulanwendung modifiziert. Dieses Konzept sieht seinen Anwendungsbereich ebenfalls nicht nur in der Schule, sondern versteht sich als eine Schnittstellentätigkeit zwischen den Bereichen Schule, Jugendhilfe und Familie.

3 Boot camps

Der folgende Abschnitt thematisiert die gesellschaftlichen und kriminalpolitischen Hintergründe, die zur Entwicklung der boot camp-Programme beigetragen haben und verdeutlicht chronologisch die Entwicklungsstufen der angewendeten Programmkonzepte. Die kriminaltheoretischen Hintergründe und der detaillierte Ablauf eines solchen Programmkonzeptes wird exemplarisch anhand eines Einrichtungsbeispiels vorgestellt.

3.1 Gesellschaftliche und kriminalpolitische Hintergründe

Bootcamps existieren in den USA seit 1983. Sie sind die Konsequenz einer Sicherheitsdebatte, die die Amerikaner als „war on crime" bezeichnen und die den gestiegenen Kriminalitätsängsten der Bürger Rechnung trägt. In der Debatte werden härtere Sanktionen gegen Straftäter diskutiert, die in Form von Zwangselementen in erzieherischen Prozessen zum Ausdruck kommen sollen. Die Nachfrage nach einer Kultur des Strafens, der Kontrolle und des Zwanges wurde durch das Ergebnis einer 1974 durchgeführten sekundäranalytischen Auswertung der Behandlungsmethoden im amerikanischen Strafvollzug weiter forciert. Das Schlagwort „nothing works" umschreibt das Ergebnis der Auswertung treffend (Vgl. Gescher 1998, S.1). Der eingeleitete Paradigmenwechsel von welfare vs. punishment erinnert sehr an die Sicherheitsdebatte, die in Deutschland zu Thema Jugendgewalt aufgekommen ist und die unter Abschnitt 2.2 detailliert thematisiert wird. Die angesprochenen Kriminalitätsängste führten zunächst zu einer Zunahme harter Bestrafungskonzepte (being tough on crime) in den 80er Jahren, wie beispielsweise die Wiedereinführung der Todesstrafe 1976, das Erlassen der „three-strikes-you are-out" Gesetze, (hierzu gehört ebenfalls das three strikes law), das Erlassen von „Truth-in-Sentencing" Gesetzen (TIS) und der „juvenile court transfer provisions" (Vgl. Grummt u.a. 2010, S.66). Die Todesstrafe ist heute noch in ca. 35 Bundesstaaten zulässig und es gibt einen Katalog, der nahezu 50 Straftaten umfasst, die mit ihr geahndet werden können. Sogar zur Tatzeit noch Minderjährige konnten bis 2005 hingerichtet werden, was einige Bundesstaaten auch praktiziert haben. Die „three-strikes-you are-out" Gesetze sehen nach der dritten Verurteilung eine lebenslange Freiheitsstrafe vor, die dann zwingend verhängt werden muss. Dies gilt auch bei banalen Straftaten, wie Drogendelikten oder Diebstählen. Die „truth-in-sentencing" Gesetze garantieren, dass ein verurteilter Häftling mindestens 85% seiner Strafe hinter Gitter verbringen muss. Vorher war es möglich, dass der Häftling bei guter Führung bereits nach der Hälfte seiner Strafe das Gefängnis verlassen konnte. Die „juvenile court transfer provisions" vereinfachten die Prozedur, einen Jugendlichen vor ein Erwachsenengericht zu stellen. Diese Entwicklung führte zu einer massiven Zunahme der Inhaftierungszahlen und es wurde nach kostengünstigeren Alternativen gesucht, die ebenfalls das Problem der Gefängnisüberfüllung lösen sollten. Als Lösung präsentierte die amerikanische Strafvollzugspolitik die Einführung der boot camp-Programme. Die Erziehungscamps sollten ein Gefühl der Sicherheit hervorrufen und dem Zustand „nothing works" entschieden entgegentreten. Boot camp-Programme eignen sich für dieses Vorhaben aufgrund ihrer Medienwirksamkeit und der Tatsache, dass der Bürger mit ihnen leicht das Bild einer harten, strukturierten und effizienten Erziehung assoziieren kann. „Sie versprechen die Wiederherstellung von Tugenden wie Ehrlichkeit, Aufrichtigkeit, Straffreiheit, Disziplin und treffen damit genau die Bedürfnisse derjenigen, die sich nostalgisch verklärt nach vermeintlichen Grundfesten der Vergangenheit sehnen" (Grummt u.a. 2010, S.63). Boot camp-Programme lösen in der Allgemeinheit ein Gefühl innerer Befriedigung aus, da Straftäter, deren Lebensinhalt darin bestand andere zu schädigen und zu demütigen, es verdient haben selber gedemütigt und erniedrigt zu werden. Ihre starke visuelle Einprägungskraft impliziert zudem einen hohen Wiedererkennungswert. Die ersten boot camps wurden 1983 in Oklahoma und Georgia eröffnet (Vgl. General Accounting Office 1993, S.12). Die geschichtlichen Wurzeln der Idee reichen jedoch noch weiter zurück. Verschiedene Elemente der heutigen boot camp-Programme finden sich bereits in der militärischen Ausgestaltung des Jugendstrafvollzuges Ende des 19. Jahrhunderts. Der erste militärische Drill im Strafvollzug wurde im New Yorker Elmira Reformatory unter der Leitung von Zebulon R. Brockway eingeführt (Vgl. Smith 1998, S.20f.). Diese Entwicklung ist dem 1888 erlassenen „Three Yates Law" geschuldet (Vgl. Rusche / Kirchheimer 1988, S.154f.). Dieses Gesetz verbot jegliche produktive Arbeit, woraufhin der Leiter der Haftanstalt den militärischen Drill als Ersatz für die bisherigen Arbeitsleistungen einführte. Die Grundelemente des hier angewendeten Trainings waren fünf bis acht Stunden Drill am Tag und die Gefangenen wurden in den Grundzügen militärischer Taktik unterwiesen. Weitere Elemente stammen aus den Outward Bound-Schulen, die vor allem das Element der körperlichen Herausforderung zu den heutigen boot camp-Programmen beigesteuert haben. Ihre historischen Wurzeln lassen sich im Großbritannien des zweiten Weltkrieges finden. Damals war die Stärkung der physischen und psychischen Widerstandsfähigkeit der Marinesoldaten das primäre Ziel (Vgl. Correia 1997, S.97). Dieses Konzept wurde nach dem Krieg in das zivile Leben übernommen und es existieren auch heute noch sieben Outward Bound-Schulen in den USA. Sie nehmen jährlich bis zu 7.000 Jugendliche auf und ihre Programme dauern zwischen 21 und 26 Tagen (Vgl. Kelly /

Baer 1971, S.438). Die Teilnehmer setzten sich anfänglich aus nicht auffällig gewordenen Jugendlichen zusammen. 1964 wurden erstmals delinquente Jugendliche mit in das Programm aufgenommen (Vgl. Willman / Chun 1973, S.53f.) und ab 1970 existieren entsprechende Programme, die ausschließlich Delinquenten aufnehmen. Sie bekommen im Rahmen mehrtägiger alleiniger Aufenthalte in der Wildnis die Möglichkeit, an ihre physischen und psychischen Grenzen zu stoßen. Diese Grenzerfahrung soll bei den Jugendlichen eine Verhaltensänderung herbeiführen. Weitere Inhalte stammen aus den shock probation-Programmen der 70er Jahre. Sie verknüpfen eine kurze reguläre Inhaftierungszeit von 30 bis 90 Tagen mit einer anschließenden Bewährung und sollen durch die Inhaftierung eine Abschreckung des Delinquenten sowie eine größere Bereitschaft zur Annahme weiterer staatlicher Erziehungs- und Trainingsprogramme bewirken. Zugleich soll die kurze Inhaftierungszeit eine Reintegration des Täters erleichtern (Vgl. Vito 1984, S.22). Auch die US-Armee hat 1968 erstmals versucht, straffällige Soldaten mittels eines Shockprogrammes unter Einbeziehung des Grundausbildungsmodells von Straftaten abzuhalten. Das achtwöchige Programm wurde zunächst unter der Bezeichnung U.S. Army Correctional Activity (USACA) und ab 1973 als U.S. Army Retraining Brigade (USARB) geführt und setzte auf ein Verfahren aus physischem und psychischem Stress in einer streng militärischen Umgebung (Vgl. Ratliff 1988, S.98f.). Das harte körperliche Training bestand aus Märschen und verschiedenen Geländeübungen, gepaart mit ständiger Überwachung und Kontrolle. Ergänzt wurde das Programm durch therapeutische Maßnahmen wie soziales Training sowie Gruppen- und Einzelberatungen (Vgl. Burns 1993, S.29). Die U.S. Army Retraining Brigade wurde nach dem Ende des Vietnamkrieges 1975 eingestellt. Grund hierfür ist die damit verbundene Reduzierung der Truppenstärke sowie eine erhöhte Einstellungsanforderung an neue Rekruten, die wiederum zu einem Rückgang der Straffälligkeit bei den Soldaten führte. 1984 wurde ein Nachfolger-Programm, das sogenannte Specialized Treatment and Rehabilitation in Army Corrections-Programm (STRAC) eingeführt. Der wesentlichste Unterschied dieses Programmes zu den Vorgängern ist die Zielsetzung. Diese ist nicht mehr die Eingliederung in die Armee, sondern die Rückkehr in die zivile Gesellschaft (Vgl. Ratliff 1988, S.99). Ende der 70er Jahre entstehen die scared straight-Programme. Ihre verfolgte Zielsetzung ist die Abschreckung, die innerhalb des Programmes durch eine Konfrontation der Jugendlichen mit dem harten Gefängnisalltag angestrebt wird. Die Teilnehmer werden zu diesem Zweck durch die Haftanstalt geführt und bekommen Gelegenheit, mit Strafgefangenen und lebenslänglich Verurteilten zu kommunizieren. In den USA wurden im Verlauf der boot camp-Historie ebenfalls Erziehungslager für ausschließlich delinquente Jungendliche eingerichtet. 1985 eröffnete in Orleans Parish das erste „juvenile boot camp" (Vgl. Cronin 1994, S.34). Die juvenile boot camps sind in der Regel für 14-18 Jährige konzipiert und galten lange Zeit als Allheilmittel zur Kriminalitätsbekämpfung. Bei diesen Programmen sind die rehabilitativen und therapeutischen Komponenten sowie die Nachbetreuung ausgeprägter. Ein Aufenthalt in einem juvenile boot camp kann im Gegensatz zu einem camp für Erwachsene auch auf unfreiwilliger Basis stattfinden.

Historische Entwicklung der boot camp-Einrichtungen (Vgl. Gescher 1998, S.3f.)				
Gründung / Bundesstaat	**Programm**	**Zielsetzung**	**Verfahren**	**Anmerkungen**
1889 New York	Shock incarceration-Programm	- Selbstdisziplin - Gesetzestreue	- militärisches, körperliches Training	- historischer Vorläufer
1964 Massachusetts	Outward Bound-Programm	- Persönlichkeits entwicklung - physische und psychische Stärkung	- körperliches Training - Grenzerfahrung	- erstmals delinquente Jugendliche mit ins Programm aufgenommen
1965 Ohio	Shock probation-Programm	- Abschreckung durch kurze Inhaftierung - erleichterte Reintegration	- Konfrontation - kurze Inhaftierungszeit mit Bewährung	-bis 1989 keine große Resonanz
1968 Kansas	USACA (U.S. Army Correctional Activity)	- Abschreckung - Reduzierung von Arrestzeiten und Entlassungen	- militärisches und körperliches Training - therapeutische Maßnahmen: -- soziales Training -- Gruppen- / Einzelberatungen	-ab 1973 wurde das Programm USARB genannt
1970 Massachusetts	Outward Bound-Programm	- Stärkung Gruppendynamik - persönliche Erfolgserlebnisse	- körperliches Training - Grenzerfahrung	- Teilnehmer ausschließlich delinquente Jugendliche
1976 New Jersey	Scared Straight-Programm	- Abschreckung	- Konfrontation	- Konfrontation der Teilnehmer mit lebenslänglich Verurteilten / dem Gefängnisalltag
1983 Oklahoma	Shock incarceration-Programm	- Abschreckung	- Konfrontation	- erstes offizielles boot camp - orientiert sich an den Inhalten der scared-straight und shock probation-Programme
1983 Georgia	Shock probation-Programm	- Abschreckung durch kurze Inhaftierung - erleichterte Reintegration	- Konfrontation - kurze Inhaftierungszeit mit Bewährung	- einziger Bundesstaat, der boot camps inner- und außerhalb (selbstständige camps) von Haftanstalten durchführt
1984	STRAC (Specialized Treatmentand Rehabilitation Army Corrections Programm	- Rückkehr in die zivile Gesellschaft	- militärisches, körperliches Training - therapeutische Maßnahmen: -- soziales Training -- Gruppen- / Einzelberatungen	Programm wurde in sämtlichen Ausbildungslagern in verschiedenen Bundesstaaten der US-Armee eingeführt

Abbildung 1: Historische Entwicklung der boot camp-Einrichtungen

3.2 Begriffsdefinition und allgemeine Merkmale

Der Begriff „boot camp" hat seinen Ursprung in der US-amerikanischen Armee und bezeichnet bis heute die Grundausbildung in der United States Army und vor allem die besonders harte Grundausbildung des United States Marine Corps. Ein für die Grundausbildung neu rekrutierter Soldat wird ebenfalls „boot" genannt. Zudem ist „boot" die amerikanische Bezeichnung für die schweren und harten Armeestiefel, die in solchen Einrichtungen getragen werden müssen. Umgangssprachlich entwickelte sich aus den Aspekten des eingesetzten Drill in der Grundausbildung und den verwendeten Stiefeln das Verb „to boot somebody". Es bedeutet übersetzt sinngemäß „jemandem in den Hintern treten", „jemandem einen Stiefeltritt verpassen". Die Bezeichnung der zivilen boot camp-Programme lehnt sich an die reguläre militärische Grundausbildung an (Vgl. Gescher 1998, S.10). Es ist zwar möglich, den Ursprung des Begriffes zu erläutern, es verhält sich jedoch schwieriger den Begriff „boot camp" inhaltlich eindeutig zu definieren, da es „das exemplarische boot camp" nicht gibt. Viele Einrichtungen, die als boot camp bezeichnet werden, sind im Endeffekt keine und nicht jedes boot camp, das eines ist, wird auch so genannt (Vgl. Grummt u.a. 2010, S.61). Unter anderem liegt es daran, dass die boot camp-Programme in den einzelnen Bundesstaaten der USA zum Teil erheblich variieren, was der ausgeprägten bundesstaatlichen Verfassung des Landes geschuldet ist. Sie sorgt dafür, dass jedem Bundesstaat auf dem Gebiet des materiellen und formellen Strafrechtes sowie des Strafvollzugrechts eine eigene Gesetzeskompetenz zusteht (Vgl. Cole u.a. 1987, S.30f.). Die Programme weisen in einigen Bundesstaaten eine solche Heterogenität auf, dass die Suche nach gemeinsamen Definitionsmerkmalen zur Sisyphosaufgabe gerät (Vgl. Tyler u.a. 2001, S.451). Trotz der angesprochenen Problematik gibt es einige Übereinstimmungen, die fast alle boot camp-Programme aufweisen. So liegt allen Programmen das Konzept zugrunde, eine mehrjährige Haftstrafe durch einen drei- bis sechsmonatigen camp-Aufenthalt zu ersetzen. Alle Programme orientieren sich an einer militärischen Grundstruktur, die harte Arbeit und militärischen Drill als die wichtigsten Programmelemente vorsieht (Vgl. Gescher 1998, S.44). Zu Beginn des camp-Aufenthaltes sehen sie alle eine Einführungsphase vor, die durch eine besonders intensive Durchsetzung des militärischen Regelwerkes und seiner Struktur geprägt ist. Hierbei kommt dem ersten Programmtag eine besondere Bedeutung zu. Die gerade zu Beginn extrem harte Vorgehensweise der drill instructors soll einen Anfangsschock hervorrufen, der längerfristig für eine Abschreckung der Teilnehmer sorgen soll. Dementsprechend steht am Beginn der meisten Programme eine Phase intensiver verbaler Konfrontation zwischen den Ausbildern und den

Delinquenten. Sie äußert sich dahingehend, dass die Insassen ständig ins Stillgestanden kommandiert werden, um ihnen dann wiederum Befehle und Regeln aus nächster Nähe ins Gesicht zu schreien (Vgl. Parent 1989, S.21). In der Regel folgt nun eine zweite Phase, die für die Häftlinge durch Ausführung gemeinnütziger Arbeit geprägt ist. Gleichzeitig wird in dieser Phase mit einem Berufstraining begonnen, dass bis in die dritte und letzte Phase fortgesetzt wird. Diese letzte Phase dient ebenfalls der Entlassungsvorbereitung. Der anfänglich sehr massiv eingesetzte Drill findet in den letzten beiden Programmphasen nur noch an den Wochenenden statt (Vgl. Sondervan 1995, S.127f.). Übersteht der Delinquent die Inhaftierungsphase, folgt eine unterschiedlich intensive Bewährungsüberwachung. Die Teilnahmevoraussetzung für ein boot camp-Programm ist in der Regel, dass es sich um einen Ersttäter handelt, der kein Gewaltdelikt begangen hat. Boot camps kommen beispielsweise bei Diebstahl sowie Drogenhandel in Frage. Grundsätzlich herrscht in jedem camp eine spezifische boot camp-Atmosphäre, die sich durch strenge Regeln und Disziplin auszeichnet. Die Teilnahme am militärischen Drill und am physischen Training ist Pflicht und die boot camp-Insassen werden immer getrennt von den anderen Häftlingen untergebracht. Die Nutzung gemeinsamer Einrichtungen wird anhand eines genauen Zeitplanes organisiert und auf die Stunden gelegt, in denen die anderen Häftlinge abwesend sind (Vgl. Mac Kenzie 1990, S.44). Auch wenn kein direkter Kontakt zwischen den Insassen und den boot camp-Teilnehmern besteht, sehen viele Einrichtungen in der gemeinsamen Unterbringung auf einem Gelände den Vorteil, den camp-Teilnehmern stets vor Augen führen zu können, was sie bei einem nicht erfolgreichen Programmdurchlauf erwartet (Vgl. Burns 1995, S.64). Obwohl versucht wurde, die beschriebenen Definitionsmerkmale als Maßstab für eine einheitliche Kategorisierung heranzuziehen, besteht auch heute noch über die Einordnung einzelner Sanktionsprogramme keine Einigkeit. Dies wird an einer Studie der American Correctional Association aus dem Jahr 1993 deutlich, die zu diesem Zeitpunkt sieben boot camps für den Bundesstaat Missouri aufführt (Vgl. Cowles u.a. 1995, S.32). Studien des General Accounting Office (Vgl. General Accounting Office 1993, S.62) und des National Institute of Justice (Vgl. Cronin 1994, S.12f.) aus dem Jahr 1994 erwähnen hingegen kein einziges boot camp-Programm in Missouri. Ein weiterer Beleg für die vorherrschende Uneinigkeit sind die Diskrepanzen bezüglich der boot camp-Anzahl in Georgia. Sowohl das General Accounting Office als auch das National Institute of Justice berichten über 19 boot camps in diesem Bundesstaat, während die American Correctional Association hier lediglich 11 Einrichtungen als boot camp wertet (Vgl. Cowles u.a. 1995, S.32). Alle hier erwähnten Untersuchungen basieren auf Informationen der jeweiligen Ministerien, was darauf schließen lässt, dass selbst innerhalb der Departments of Corrections die Auffassungen über eine Zuordnung der Programme differieren.

3.3 Entwicklung und Status Quo

Seit der Einführung des ersten offiziellen boot camp-Programmes 1983 in Oklahoma hat die Zahl entsprechender Einrichtungen ständig zugenommen. Ende 1989 existierten bereits 21 boot camp-Programme in 14 Staaten und 13 weitere Staaten planten zu diesem Zeitpunkt die Einführung einer entsprechenden Einrichtung. Ende 1996 hatten bereits 32 Bundesstaaten und der District of Columbia in unterschiedlichen Ausführungen boot camps eingeführt (Vgl. National Institute of Justice 1996, S.60). Hinzu kommt eine Erhöhung der Programmplätze in bereits bestehenden Programmen. Zwischen 1993 und 1995 haben Programme aus elf Bundesstaaten ihre Kapazität erweitert (Vgl. für 1993 Cronin 1994, S.12f. und für 1995 National Institue of Justice 1996, S.60). Exemplarisch für die enorme Kapazitätenerweiterung in den gesamten USA kann der Bundesstaat Georgia angeführt werden. Hier erhöhte sich von 1989 bis 1994 die Anzahl von 250 auf knapp 3.000 Programmplätze (Vgl. Cronin 1994, S.12). 1996 verfügten die 32 bundesstaatlichen boot-camp-Programme und das Programm des District of Columbia über insgesamt rund 9.500 Programmplätze. Bereits zu diesem Zeitpunkt war abzusehen, dass weitere Programme entstehen werden, da der amerikanische Kongress weitere finanzielle Fördermittel für den Umbau ehemaliger Militärstützpunkte zur Verfügung gestellt hatte (Vgl. Reid-MacNevin 1997, S.156). Doch die stetig steigende Popularität der boot camps und ihrer Programmplätze brachte massive Probleme mit sich. In der Öffentlichkeit hat das durch die Politik generierte positive Image der boot camps Schaden genommen. In den Medien wurde zunehmend über schlecht qualifizierte Wärter berichtet, die weder eine pädagogische noch therapeutische Ausbildung besitzen. Des Weiteren gibt es keine rechtlichen und verbindlichen Vorgaben, wie das Personal ausgebildet sein bzw. welche Qualifikationen ein Anwärter für dieses Beruf mitbringen muss. Hinzukommen Schilderungen ehemaliger Insassen, die von gewaltsamen und sexuellen Übergriffen sowie menschenverachtenden Züchtigungsmethoden berichten. Die Übergriffe enden nicht bei Tritten, Schlägen und menschenunwürdigen Befehlen, sondern es liegen empirische Untersuchungen zu Todesfällen vor. Das Government Accountability Office (G.A.O.) untersuchte alleine 10 Todesfälle im Zeitraum von 1990 bis 2007 (Vgl. Government Accountability Office 2008, S.8f.) in denen Wärter den Tod eines Insassen verursacht hatten oder zumindest eine Teilschuld daran tragen. Mittlerweile wurden einige Wärter der entsprechenden Einrichtungen juristisch belangt. Des Weiteren förderte die Untersuchung alleine 1619 Misshandlungsfälle in boot camps allein im

Jahr 2005 zu Tage (Vgl. Grummt u.a. 2010, S.63). Die letzte offizielle Statistik aus dem Jahr 2002 drückt in Form deutlicher Rückgänge der Programmplätze bereits die Reaktionen auf diese Vorkommnisse aus. Lediglich im Bundesstaat Mississippi hat sich die Anzahl der Programmplätze von 340 auf 379 erhöht. Die Bezeichnung K.A. steht für keine Angabe, in diesen Fällen lassen sich in der Statistik von 2002 keine aktuelleren Angaben finden. Auch wenn teilweise Reaktionen auf die negativen Vorkommnisse erfolgt sind, desillusionierende Forschungsergebnisse und massive Negativschlagzeilen über weitere Todes- und Miss- brauchsfälle weiterhin in den Medien kursieren, finden boot camps auch nach 2002 weiterhin öffentliche wie politische Unterstützung.

Entwicklung der Programmplätze bis 2002 (Vgl. Gescher 1998, S.320f. für Gründung / Programmplätze und National Institute of Justice 2002, S.69 für Programmplätze ab 2002)		
Bundesstaat	**Gründung / Programmplätze**	**Programmplätze 2002**
Arizona, Pima County	1988 / 120	2002 / 24
Californien, San Quentin	1993 / 176	2002/ K.A.
Illinois	1990 / 644	2002 / 45
Michigan	1988 / 480	2002 / 73
Mississippi	1985 / 340	2002 / 379
Oklahoma	1984 / 270	2002 / 12
Pennsylvania	1992 / 200	2002 / K.A.
Wisconsin	1991 / 75	2002 / 60

Abbildung 2: Entwicklung der Programmplätze bis 2002

3.4 Einrichtungsbeispiel

Das im Folgenden vorgestellte Einrichtungsbeispiel befindet sich in Denver, Colorado und nennt sich camp Firefox. Ausschließlich für Jugendliche von 14-18 Jahren konzipiert, ist es ein sogenanntes juvenile boot camp und gehört zu einem 1991 vom Office of Juvenile Justice and Delinquency Prevention (OJJDP) gestarteten Pilotprojekt, mit dessen finanzieller Unter- stützung das Camp Firefox sowie zwei weitere juvenile boot camp-Programme in Mobile, Alabama (Environmental Youth Corps) und in Cleveland, Ohio eröffnet wurden (Vgl.

Bourque u.a. 1996, S.11). Träger der Einrichtung ist der Bundesstaat Colorado in Form der Colorado Division of Youth Services (DYS), der in diesem Fall das private Unternehmen New Pride Inc. mit der Programmdurchführung beauftragt hat. Gegründet wurde das camp Firefox 1992 mit einer Kapazität von 24 Plätzen und einer Programmdauer von 90 Tagen. Es werden nur Jugendliche mit Delikten mittleren und leichteren Grades (keine Gewaltdelikte, keine Sexualstraftaten) aufgenommen. Die hinter dem Konzept stehende Kriminalitätstheorie geht vom Modell des Straftäters als homo oeconomicus aus, also von einem rationalen Individuum mit freiem Willen, das Kosten und Nutzen seiner Handlungen genau abwägt (Vgl. Anderson u.a. 1999, S13.f.). D.h. auch wenn bekannt ist, dass bei Jugendlichen Delinquenten peer groups wesentlichen Einfluss auf ihr Verhalten haben, wird der einzelne Täter trotzdem als jemand betrachtet, der sich bewusst für eine Straftat entscheidet und aufgrund dessen auch die Verantwortung für diese übernehmen muss. Das auch im Einrichtungsbeispiel angewendete Sanktionskonzept umfasst zwei Kernelemente. So erfolgt die Strafzumessung nicht unter der Prämisse des Behandlungsgedankens, sondern im Sinne einer gerechten Strafe, die eine Vergeltung oder Generalprävention impliziert. Hinzu kommt der behavioristische Behandlungsansatz und der positivistische Glaube, dass harte körperliche Arbeit, militärische Strukturen und Disziplin eine Verhaltensänderung herbeiführen können (Vgl. Grummt u.a. 2010, S.69). Auch das camp Firefox basiert wie die meisten boot camps auf soziologischen Grundannahmen. Sie gehen davon aus, dass Jugendliche aufgrund ihres geringen Alters, des Mangels an sozialen Fertigkeiten und Disziplin, falscher Selbsteinschätzung und fehlenden Verantwortungsbewusstseins stark beeinflussbar sind. Dieses überhaupt nicht oder falsch erlernte Verhalten soll im camp in ein straffreies und systemkonformes Verhalten gewandelt werden. Der Programmverlauf ist in mehrere Phasen aufgeteilt. Das Programm beginnt mit einer besonders intensiven und strengen Einführungsphase. In ihr wird zunächst mit der visuellen und symbolträchtigen Anpassung der Delinquenten durch das Kahlscheren des Kopfes begonnen und besonders hart auf die Durchsetzung der militärischen Grundstruktur geachtet. Diese Phase dient der Abschreckung sowie der Implementierung des Regelwerkes und beinhaltet absichtlich eine intensive verbale Konfrontation der Teilnehmer mit den Aufsehern. Die Phase, in der sich der Insasse gerade befindet, also sein Status, wird durch die Farbe seiner Uniform angezeigt. Der gesamte Tagesablauf ist minutiös geregelt, 16 bis 17 Stunden sind fest verplant, damit für die Teilnehmer keine freie Zeit zur Verfügung bleibt (Vgl. Grummt u.a. 2010, S.71). Die Teilnehmer sind strikt von der Außenwelt getrennt und dürfen kaum Besuch empfangen. Fernseher, Radio und anderweitige Medien sind nicht erlaubt, teilweise sind sogar Zigaretten und Süßigkeiten verboten (Vgl. Bourque u.a. 1996,

S.45). Die in camp Firefox angewendeten militärischen Grundelemente sind vielfältig. Zu ihnen gehören der Gebrauch militärischer Titel und eines militärischen Protokolls (Marschieren, Stillstehen) sowie militärische Umgangsformen auch innerhalb des angestellten Personals. Weiterhin werden die Insassen in kasernenartigen Gebäuden untergebracht, in militärische Einheiten aufgeteilt, in sogenannte „Platoons" und eine kollektive Bestrafung sowie Belohnung wird angewendet (Vgl. Gescher 1998, S.134). Selbst die öffentlichen Entlassungsfeiern werden nach dem Vorbild militärischer Entlassungsfeiern abgehalten. Die Insassen werden stets in marschierenden Einheiten geführt und müssen immer um Erlaubnis fragen, sprechen zu dürfen. Die drill instructors üben permanent Druck auf die Insassen aus und kontrollieren sie. Dies führt zu einer erhöhten Stresssituation für die Delinquenten. In Denver ist neben den militärischen Elementen die körperliche Arbeit ein wichtiger Bestandteil des Programmes. Da sie als Disziplinierungswerkzeug dient, sind es vor allem einfache, nicht motivierende und anspruchslose Arbeiten, die zu verrichten sind und ein Maximum an körperlicher Anstrengung und ein Minimum an Freizeit bewirken. In Frage kommen gemeinnützige Arbeiten wie Straßensäuberung, Instandhaltung öffentlicher Plätze, Baumfällerarbeiten oder Straßenbau (Vgl. Gowdy 1996, S.3f.). Sport gehört ebenfalls zum Standardprogramm, er nimmt aber eher einen kleinen Teil des Tages in Anspruch. Er dient dazu, dem militärischen Drill körperlich standhalten zu können. Deswegen sind die Trainingspläne an die militärischen Sportpläne angelehnt. Doch das zu durchlaufende Stufenprogramm erlaubt mit fortschreitendem Programmverlauf auch zunehmende Vergünstigungen und Vorbereitungen auf die Entlassung. Im Gegensatz zu den ausschließlich für Erwachsene konzipierten Programmen zeigt sich bei diesem juvenile boot camp insgesamt eine stärkere Betonung der rehabilitativen und therapeutischen Elemente. Im Einrichtungsbeispiel werden beispielsweise die Teilnehmer bei familiären Problemen durch das camp-Personal unterstützt. Begründet ist die Hervorhebung dieser Elemente durch eine in allen Bundesstaaten existierende Vorschrift, die Unterricht für jugendliche Delinquenten zwingend vorschreibt. So werden auch in camp Firefox täglich mindestens drei Stunden für Unterrichtseinheiten aufgewendet (Vgl. Hill DeSouza 1995, S.68). Die grundsätzlichen Programmziele sind vergleichbar mit denen eines camps für Erwachsene und liegen vor allem in der Reduzierung der Rückfallquoten und der Gefängnisüberfüllung sowie der Kostensenkung. Des Weiteren wird Bestrafung als Vollzugsziel noch niedriger bewertet als in den Programmen für Erwachsene. Eine vergleichende Beurteilung des camp Firefox und anderen boot camp-Programmen gestaltet sich als schwierig, obwohl im Endeffekt nur untersucht werden muss, inwiefern die verglichenen boot camp-Programme ihre drei großen Versprechen wie Senkung der Rückfallraten, Reduzierung der

Gefängnisüberfüllung und Kosteneinsparung eingehalten haben. Die Schwierigkeit beginnt jedoch schon bei unterschiedlichen Definitionen und Kriterien von Rückfälligkeit. Hinzu kommt, dass boot camps bisher nur wenig unter empirischen Gesichtspunkten erforscht wurden. Somit sind auswertbare Langzeitergebnisse nicht verfügbar (Vgl. Grummt u.a. 2010, S.81). Obwohl das camp Firefox, das camp in Cleveland und das in Mobile an der umfangreich angelegten Untersuchung, die mit den finanziellen Mitteln des Office of Juvenile Justice (OJJDP) gefördert wurde, teilgenommen haben, gibt es keine empirisch belegten Angaben über die Rückfälligkeit der boot camp-Absolventen im Vergleich zu ihrer Kontrollgruppe. Jedoch weisen erste Daten daraufhin, dass die Graduierungsquoten der drei Programme mit denen des normalen Strafvollzuges vergleichbar sind (Vgl. Bourque u.a. 1996, S.98f.). Lediglich die Gründe für einen vorzeitigen Programmausschluss können zwischen Cleveland, Denver und Mobile verglichen werden. Hier wird besonders deutlich, dass über 76% der Jugendlichen vorzeitig aus dem Programm entlassen wurden. Die Gründe hierfür lagen bei 25% in der Begehung einer neuen Straftat und weitere 31% entzogen sich dem Programm durch Flucht (Vgl. Tabelle 19). Weitere Schwierigkeiten in der Evaluation liegen darin, dass boot camps nur eine sehr kleine Zahl der Gesamtpopulation jugendlicher Straftäter aufnehmen und die Aufnahme nicht einheitlich erfolgt. Einige camps haben Teilnehmer mit ungünstigen Kriminalprognosen, andere schließen von vornehrein aus, solche Klienten aufzunehmen. Uneinheitlich ist ebenfalls die Dauer der unterschiedlichen Programme. Sie variiert von 30 Tagen in einem camp in Alabama bis hin zu 300 Tagen in Orleans Parish (Vgl. Tyler u.a. 2001, S.452). Auch eine Untersuchung der Rückfallquoten ergibt zunächst kein einheitliches Bild. Die Ergebnisvariationen reichen von großer Reduzierung der Rückfälligkeitswahrscheinlichkeit bis hin zu großer Erhöhung. Auffällig ist, dass gerade bei früheren Untersuchungen Anfang der neunziger Jahre versucht wurde, niedrige Rückfallquoten bei boot camp-Absolventen und im Gegensatz dazu hohe Rückfallquoten bei Insassen des normalen Haftvollzuges darzustellen. In diesem Zusammenhang kann getrost von „darstellen wollen" gesprochen werden, da diese Ergebnisse auf methodologische Schwächen wie beispielsweise das Ändern von Variablen zurückzuführen sind und die meisten auf empirischer Basis durchgeführten Untersuchungen keine signifikanten Unterschiede zu Tage förderten (Vgl. Grummt u.a. 2010, S.81). Neuere Untersuchungen und vor allem die Metastudien belegen eindeutig, dass keine positiven Zusammenhänge zwischen boot camps und einer Reduzierung der Rückfälligkeitswahrscheinlichkeit vorliegen (Vgl. MacKenzie / Souryal 1996, S.292f.). Wenn bedacht wird, dass viele der camps ausschließlich Häftlinge mit günstigen Kriminalprognosen aufgenommen haben, ist sogar davon auszugehen, dass boot camps sich zuweilen negativ auf die Rückfälligkeit der Delinquenten ausgewirkt hat. Eine besonders hohe Rückfallwahrscheinlichkeit besteht bei jüngeren, unverheirateten Männern mit niedrigem Bildungsstand, einer Gang-Zugehörigkeit und früherer Missbrauchsgeschichte sowie bei Personen, die nicht zum ersten Mal wegen Drogen- und Gewaltdelikten verurteilt wurden. Heirat, Arbeit, Anzahl der Kinder und Bildung sind die stärksten Determinanten in der Frage der Rückfallwahrscheinlichkeit (Vgl. Benda u.a. 2003, S.725). Diejenigen Insassen, die nicht rückfällig werden, erleben den camp-Aufenthalt deutlich positiver. Effektive Nachsorgeprogramme (aftercare programs) sind der Schlüssel zur Rehabilitation. Mehr als die Hälfte, die es nicht schaffen, werden in den ersten 6 Monaten nach der Entlassung rückfällig (Vgl. Benda / Toombs 2002, S.226). Zusammenzufassen ist, dass sowohl das Konzept des camp Firefox als auch die übrigen Konzepte für Jugendliche unbrauchbar sind, da sie zu kurz und zu wenig bedürfnisorientiert gestaltet sind und kaum psychologische Unterstützung bieten (Vgl. Benda 2001, S.725). Des Weiteren können sie keinen Beitrag zur Senkung der Rückfälligkeit leisten und ihre militärische Grundstruktur sowie die harte körperliche Arbeit haben keinen positiven Einfluss darauf. Die Erfolge einiger weniger camps sind aufgrund ihres hohen Anteils an rehabilitativen Elementen zu erklären und Bewährungsstrafen sind grundsätzlich erfolgreicher in puncto Rückfallquoten (Vgl. Grummt 2010, S.82).

Gründe für vorzeitigen Programmausschluss in Cleveland, Denver und Mobile (Vgl. Gescher 1998, S.178)			
Nichtbeendigungsgründe	Cleveland (N=119)	Denver (N=76)	Mobile (N=122)
Medizinische Gründe	0,0 %	6,6 %	0,8 %
Verstoß gegen Bewährungsauflagen	8,4 %	13,2 %	22,1 %
Flucht oder sonstiger Entzug	10,1 %	31,6 %	6,6 %
Erneute Inhaftierung (neue Straftat)	32,8 %	25,0 %	11,5 %
Todesfälle	2,0 %	0,0 %	0,0 %
Vorzeitige Programmbeendigungen gesamt	53 %	76,3 %	41 %

Abbildung 3: Gründe für vorzeitigen Programmausschluss

4 Konfrontative Pädagogik in der Schule

Zunächst stellt sich die Frage, warum gerade eine Methode aus der Straffälligenhilfe, die in zahlreichen Feldern der sozialen Arbeit erprobt wurde, für den schulischen Bereich geeignet sein soll. Sie lässt sich aus unterschiedlichen Perspektiven beantworten, einerseits aus der administrativen oder auch professionspolitischen Perspektive und andererseits aus einer lebensweltlich-sozialräumlich akzentuierten Adressatenperspektive (Vgl. Kilb u.a. 2006, S.9). Letztere geht von einem immer dominanter werdenden Lebenswelt-Ort Schule aus und versucht, den schulischen und jugendhilfespezifischen Erziehungsauftrag in Form einer Ganztagsschule zu verknüpfen. Es ist anzunehmen, dass eine solche Veränderung der Schule zwangsläufig auch eine organisatorische und didaktisch-methodische Anpassung erfordern wird. In diesem Zusammenhang liegt es deshalb nahe, sich insbesondere mit den innovativen Methoden und Ansätzen der Sozialpädagogik auseinanderzusetzen und zu analysieren, inwiefern sich diese für eine zum sozialpädagogischen Bereich hin entwickelnden Schulen eignen. Recht innovative Ansätze auf diesem Gebiet, die sich in den letzten 15 Jahren im sozialpädagogischen Bereich stark entwickelten, sind das Anti-Aggressivitäts-Training (AAT) und das eher präventiv ausgerichtete Coolnesstraining (CT). Beide sind der Konfrontativen Pädagogik zuzuordnen. Um konfrontative Ansätze in der Schule anwenden zu können, ist zunächst eine enge Kooperation der Schulen mit den fördernden, bildenden und erzieherischen Teilen des Kinder- und Jugendhilfesystems notwendig. Hinzu kommt, dass eine in die Nachmittagsstunden erweiterte schulische Betreuung weitaus mehr sozialpädagogische Kompetenz benötigt als die bisherigen Schulformen. Ansonsten könnte die Schule ihren Bildungsauftrag nicht mehr angemessen erfüllen (Vgl. Kilb u.a. 2006, S.10). Somit sind weitere Grundvoraussetzungen für eine Anwendung der Konfrontativen Pädagogik in der Schule definiert: Die Schulen benötigen das in der Kinder- und Jugendhilfe vorhandene sozialpädagogische Wissen und entsprechende personelle Ressourcen. Die wichtigste Grundvoraussetzung ist jedoch, dass die Konfrontative Pädagogik mit den normativen Rahmenbedingungen, die für eine Anwendung im schulischen Bereich existieren, kongruent ist. Die zu beachtenden Verfassungen, Gesetze und Ordnungen, die Auskunft über die einzuhaltenden Rahmenbedingungen geben, werden im nächsten Abschnitt vorgestellt.

4.1 Normative Rahmenbedingungen

Die gesetzlichen Vorgaben, die für eine Anwendung der Konfrontativen Pädagogik in der Schule zu beachten sind, haben ihren Ursprung im Grundgesetz, in der Landesverfassung, im Schulgesetz und in der Schulordnung. So sprechen zum Beispiel die Artikel 30 und 70A des Grundgesetzes der Bundesrepublik Deutschland den Ländern das Recht zu, eigenständige Gesetze zu verabschieden, die sich durchaus von Bundesland zu Bundesland unterscheiden können. Aufgrund dessen existiert beispielsweise in Nordrhein-Westfahlen ein anderes Schulgesetz als in Rheinland-Pfalz, was unter anderem an der Struktur des Bildungssystems deutlich wird. So wurde beispielsweise bis zum jetzigen Zeitpunkt in Nordrhein-Westfahlen die Schulform Realschule plus nicht eingeführt. Die Erfüllung der vom Staat festgelegten Gesetze ist Sache der Länder, soweit das Grundgesetz keine andere Regelung trifft oder zulässt (Vgl. GG Art.30). Ziel der Landesverfassung Rheinland-Pfalz ist es, die Freiheit, Gleichheit und Würde des Menschen zu sichern und das Gemeinschaftsleben nach dem Grundsatz der sozialen Gerechtigkeit auszurichten. Der dritte Abschnitt der Landesverfassung Rheinland-Pfalz behandelt die Themen Schule, Bildung und Kulturpflege und besagt, dass es das natürliche Recht der Eltern ist, über die Erziehung ihrer Kinder zu bestimmen (Vgl. LV RLP Art. 27, Abs. 1). Dieses Recht bildet die Grundlage für die Gestaltung des Schulwesens. Des Weiteren haben Staat und Gemeinde das Recht und die Pflicht, unter Berücksichtigung des Elternwillens die öffentlichen Voraussetzungen und Einrichtungen zu schaffen, die eine geordnete Erziehung der Kinder sichern (Vgl. LV RLP Art.27, Abs. 2). Das gesamte Schulwesen untersteht der Aufsicht des Staates und die Schulaufsicht wird durch hauptamtlich tätige, fachlich vorgebildete Beamte ausgeübt (Vgl. LV RLP Art.27, Abs. 3). Es ist ebenfalls gesetzlich festgelegt, dass jedem jungen Menschen zu einer seiner Begabung entsprechenden Ausbildung verholfen und jedem begabten jungen Menschen der Besuch einer höheren bzw. Hochschule ermöglicht werden muss (Vgl. LV RLP Art.31). Lehrkräfte haben ihre pädagogische Arbeit an den Grundgesetzen zu orientieren (Vgl. LV RLP Art.36). Die konkreteren, gesetzlichen Vorgaben zur Struktur des Bildungswesens in Rheinland-Pfalz sind im Schulgesetz und in der Schulordnung festgehalten. Die letzte Änderung des Schulgesetzes wurde im Dezember 2008 vollzogen. Sie legt die Grundlagen für eine neue zweigliedrige Schulstruktur. Mit der Realschule plus entstand neben dem Gymnasium und der Integrierten Gesamtschule in Rheinland-Pfalz eine gleichberechtigte Schulart, die zum Beispiel über die Angliederung einer Fachoberschule bis zur Fachhochschulreife führen kann. Das Schulgesetz stellt die Grundlage für das pädagogische und soziale Handeln in Schulen dar und soll den Zugang zur

Bildung sichern. Auftrag der Schule ist es, das Recht der Schülerin/des Schülers auf Förderung und Erweiterung ihrer/seiner Anlagen sicherzustellen. Eine Förderung darf weder von seiner Religion, Weltanschauung oder ethnischen Herkunft noch von seinem Geschlecht oder anderen Faktoren abhängig gemacht werden (Vgl. SchulG RLP §1, Abs.1). Schule begleitet die Schülerinnen und Schüler in ihrer persönlichen Entwicklung und nimmt in diesem Prozess beratende, sowie unterstützende Funkionen wahr. In Erfüllung ihres Auftrages erzieht die Schule zur Selbstbestimmung in Verantwortung vor Gott und den Mitmenschen, zur Anerkennung ethischer Normen, zu einer Gleichberechtigung von Mann und Frau sowie zur Achtung vor der Überzeugung anderer. Weiterhin sieht ihr pädagogischer Auftrag vor, den Schülerinnen/Schülern entsprechende Kenntnisse und Fertigkeiten zu vermitteln, die sie zu einer freien Entfaltung der Persönlichkeit sowie zur Orientierung in einer modernen Welt befähigt. Zudem führt sie zu einem gewaltfreien Zusammenleben und zur verpflichtenden Idee einer Völkergemeinschaft (Vgl. SchulG RLP §1, Abs.2). Die Schule achtet bei der Erfüllung ihres Auftrages das natürliche und zugleich verfassungsmäßige Recht der Eltern, über die Erziehung ihrer Kinder zu bestimmen (Vgl. SchulG RLP §2, Abs.1). Außerdem sind Schule und Eltern gemeinsam dafür verantwortlich, das Recht des Kindes auf Bildung zu gewährleisten und dem Kind die Wahrnehmung des öffentlichen Erziehungs- und Bildungsangebotes entsprechend seiner Neigung und seinen Fähigkeiten zu ermöglichen (Vgl. SchulG RLP §2, Abs.2). Das Erziehungsrecht der Eltern und der staatliche Bildungs- und Erziehungsauftrag sind in der Schule einander gleichgeordnet. Die gemeinsame Erziehungsaufgabe verpflichtet zu einem vertrauensvollen und zugleich partnerschaftlichen Zusammenwirken sowie zur gegenseitigen Unterrichtung und Zusammenarbeit in allen für das Schulverhältnis bedeutsamen Fragen. Eltern unterstützen im Rahmen ihrer Möglichkeiten die Schule und können schulische Vorhaben fördern und Aufgaben übernehmen (Vgl. SchulG RLP §2, Abs.3). Für die Eltern besteht ein Recht auf Beratung und Unterrichtung in fachlichen, pädagogischen und schulischen Fragen (Vgl. SchulG RLP §2, Abs.4). Das Land, die Kommunen und die freien Schulträger haben die kollektive Aufgabe, die Erfüllung des Bildungsauftrages zu gewährleisten (Vgl. SchulG RLP §5, Abs.1). Der Unterricht an den Schulen sollte planmäßig und systematisch ablaufen und individuelles und soziales Lernen miteinander verknüpfen (Vgl. SchulG RLP §6, Abs.1). In den letzten Jahren hat die Gliederung des Schulgesetzes einige Änderungen erfahren. Das Schulwesen in Rheinland-Pfalz ist aktuell in Schularten und Schulstufen aufgeteilt und bietet nun acht verschiedene Schularten. Diese setzen sich aus Grundschule, Realschule plus, Gymnasium, integrierter Gesamtschule, berufsbildender Schule, Abendgymnasium, dem Kolleg und der Förderschule zusammen

(Vgl. SchulG RLP §9, Abs.3). Es ist die Pflicht jeder Schulart und jeder Schule, alle Schüler/innen individuell zu fördern. Um diese Pflicht zu erfüllen, können alle Maßnahmen der Leistungs- und Neigungsdifferenzierung in innerer und äußerer Form, eine präventive Förderung sowie integrierte Fördermaßnahmen angewendet werden (Vgl. SchulG RLP §10, Abs.1).

Des Weiteren ermöglicht § 12 „Formen der Förderschule" die Einrichtung von Schulen mit dem Förderschwerpunkt „ganzheitliche Entwicklung" sowie mit dem Schwerpunkt „sozial-emotionale Entwicklung" (Vgl. SchulG RLP §12, Abs.1). § 14 regelt die Pflichten der Ganztagsschulen, die die Aufgabe haben, den Unterricht und weitere schulische Angebote zu einer pädagogischen und organisatorischen Einheit zu verknüpfen. Die Ganztagsschule findet an allen Vormittagen und vier Nachmittagen der Woche statt und ist klassenbezogen, klassenübergreifend oder klassenstufenübergreifend organisiert. Sie bietet weitere pädagogische Angebote an, die für alle Schüler/innen verpflichtend sind. Hierfür werden die Betreuer vom Schulträger bereitgestellt (Vgl. SchulG RLP §14, Abs.1). Außerunterrichtliche Betreuung und deren Angebote sind in der offenen Form der Gesamtschule nicht verpflichtend (Vgl. SchulG RLP §14, Abs.2). Die Schulbehörde hat bei einem schulischen Bedarf und der Zustimmung des Schulträgers das Recht, eine Ganztagsschule in Angebotsform einzuführen bzw. diese auch in eine offene und verpflichtende Ganztagsschule zu erweitern (Vgl. SchulG RLP §14, Abs.3). Benachbarte Schulen sollen pädagogisch eng zusammenarbeiten, dies gilt für sämtliche differenzierte Bildungsangebote, zu denen ein konfrontatives Arrangement ebenfalls gehören würde (Vgl. SchulG RLP §18, Abs.1). Alle Schulen sind verpflichtet, im Rahmen ihrer Arbeit mit den Trägern und Einrichtungen der öffentlichen und freien Kinder- und Jugendhilfe, insbesondere im Rahmen der Schulsozialarbeit, mit den Kindertagesstätten und in den lokalen Netzwerken zusammenzuarbeiten (Vgl. SchulG RLP §19, Abs.1). Eine Zusammenarbeit ist ebenfalls mit anderen außerschulischen Einrichtungen und Institutionen, wie beispielsweise anderen Bildungseinrichtungen und Betrieben, verpflichtend (Vgl. SchulG RLP §19, Abs.2). Weiterhin ist festgelegt, dass zur Gewinnung und praktischen Erprobung neuer pädagogischer und organisatorischer Erkenntnisse hinsichtlich der Qualitätsentwicklung des Schulwesens und einer besseren Förderung der Schülerinnen und Schüler Schulversuche durchgeführt werden können (Vgl. SchulG RLP §20, Abs.1). Solche Schulversuche sollen insbesondere der Entwicklung neuer schulischer Strukturen, der Neubestimmung von Bildungszielen und Lerninhalten, der Entwicklung neuer Lehr- und Lernverfahren sowie der Entwicklung, Erprobung und Einführung innovativer und effektiver Methoden der schulinternen Evaluation dienen (Vgl. SchulG RLP §20, Abs.3). Pädagogische Service-Einrichtungen sollen die Schulen bei ihrem Bildungs- und Erziehungsauftrag unterstützen und Fort- und Weiterbildung sowie eine pädagogische und schulpsychologische Beratung der Schüler übernehmen (Vgl. SchulG RLP §21, Abs.1). Darüber hinaus sind Schulpsychologinnen und Schulpsychologen verpflichtet, Schülerinnen, Schülern und deren Eltern in Kooperation mit den Lehrkräften in besonderen schulischen Problemlagen beratend zur Seite zu stehen (Vgl. SchulG RLP §21, Abs.3). Die pädagogischen Service-Einrichtungen sollen im Rahmen ihrer Aufgaben mit außerschulischen Partnern (z. B. Hochschulen, Agenturen für Arbeit, Jugend-ämtern, Einrichtungen der Kinder- und Jugendhilfe, Erziehungsberatungsstellen und den an der dualen Ausbildung Beteiligten) zusammenarbeiten (Vgl. SchulG RLP §21, Abs.4). Des Weiteren haben die Schulen das Recht und die Pflicht, ihre Maßnahmen nach Maßgabe des Gesetzes zu planen, zu organisieren und durchzuführen. Für die Qualitätssicherung und die Evaluation sind die Schulen ebenfalls selbst verantwortlich (Vgl. SchulG RLP §23, Abs.1). Sie legen pädagogische Ziele und Schwerpunkte fest und überprüfen selbstständig, ob diese Vorgaben auch erreicht werden (Vgl. SchulG RLP §23, Abs.2). Die Lehrkräfte dürfen Erziehung und Unterricht der Schülerinnen und Schüler frei und in eigener pädagogischer Verantwortung im Rahmen der für die Schule geltenden Rechts- und Verwaltungsvorschriften gestalten (Vgl. SchulG RLP §25, Abs.1). Da das Thema der vorliegenden Arbeit schwer-punktmäßig auf den Bereich der Realschule plus abzielt, wird sich im Folgenden nur noch auf Schulordnungspunkte dieser Schulform bezogen. Sie ist in der übergreifenden Schulordnung geregelt, die sich ebenfalls auf Integrierte Gesamtschulen, Gymnasien, Abendgymnasien und Kollegs bezieht. Die Änderungen der Schulstruktur vom Dezember 2008 sind hier mit eingeschlossen. Zu nennen sind in diesem Zusammenhang die Einführung der öffentlichen Realschule plus und das achtjährige Gymnasium (G8GTS) in Rheinland-Pfalz. Die Schüle-rinnen und Schüler nehmen basierend auf § 3 des Schulgesetzes auf der Grundlage der Schulordnung ihr Recht auf Bildung und Erziehung in der Schule wahr (Vgl. SchulO RLP §1, Abs.1) und können für alle Bereiche des Schullebens eigene Vorschläge unterbreiten (Vgl. SchulO RLP §1, Abs.3). Die Schule beteiligt die Schülerinnen und Schüler an Planungen des Unterrichts sowie an allen außerunterrichtlichen Angeboten (Vgl. SchulO RLP §1, Abs.3). Die Schülerschaft das Recht auf Beratung, Förderung und Unterstützung in allen für das Schulleben relevanten Fragen (Vgl. SchulO RLP §1, Abs.4).

4.2 Grundsätzliche Strategien und Ziele

Bei der Konfrontativen Pädagogik werden gezielte Provokationen genutzt, um das Verhalten des Klienten zu beeinflussen. Sein Handeln wird hinterfragt und analysierend durchleuchtet, um eine Veränderung zu forcieren. Wie bereits in Abschnitt 2.1 thematisiert, mischt sich der konfrontativ Erziehende ein, widerspricht und konfrontiert bei Nichteinhaltung von Regeln. Das Gegenüber wird gezwungen, sich mit seinem Fehlverhalten kritisch auseinanderzusetzen. Grenzverletzungen werden stets registriert, aufgegriffen und sofort thematisiert. Die Kinder und Jugendlichen sollen Akzeptanz und Wertschätzung ihrer Person erfahren, werden aber gleichzeitig herausgefordert, ihr Verhalten zu reflektieren und ihr eigenes Werteempfinden gegebenenfalls zu falsifizieren (Vgl. Bausmann 2006, S.111). Durch Konfrontation wird die Strategie verfolgt, Klienten dazu zu bringen, sich mit den eigenen positiven und negativen Eigenschaften auseinanderzusetzen, Eigenverantwortung zu übernehmen und zu lernen, eigene Wünsche und Bedürfnisse wahrzunehmen. Es sollen Akzeptanz und Respekt gegenüber den Mitmenschen erzeugt und Konfliktlösungsmuster erlernt und trainiert werden. Um jedoch tatsächlich wirkungsvoll und kontinuierlich mit den Schülern arbeiten zu können, ist es wichtig, langfristige Veränderungen anzustreben. Denn ein neues Konfliktverhalten und eine vernünftige Streitkultur lassen sich nicht über Nacht etablieren. Wichtig ist bei neuen Impulsen wie der Konfrontativen Pädagogik, dass diese nicht nur punktuell eingesetzt werden, sondern Eingang in den Gesamtkontext der Klasse, idealerweise in den Kontext der gesamten Schule finden. Natürlich können auch ausgebildete Trainer, beispielsweise für Anti-Aggressivitäts-Seminare punktuell Angebote an Schulen durchführen. Sinnvoll wäre aber eine vorherige Schulung bzw. Fortbildung der Lehrkräfte. In diesem Zuge sollte auch das Konfliktverhalten des Lehrkörpers thematisiert werden, denn das Konfliktklima einer Schule wird immer auch durch ihr Konfliktverhalten untereinander maßgeblich geprägt. In jedem Fall sind Vorgespräche innerhalb des Lehrerkollegiums notwendig, alleine schon um sich einen Überblick über die Klassensituation zu machen und um eine gemeinsame Strategie und Zielsetzung festzulegen. Ein klares und abgestimmtes Regelwerk ist wichtig, denn die Kurse sind nur effektiv, wenn alle Lehrkräfte in die Abläufe integriert werden und sich auch aktiv an ihnen beteiligen (Vgl. Bausmann 2006, S.113). Ebenso ist ein funktionierendes Lehrerkollektiv unabdingbar für eine funktionierende Reflexion und Evaluation der Kurse. Zu Beginn werden alle akuten Schwierigkeiten thematisiert und nach ihnen die Ziele ausgerichtet. Die Schule sollte die Anschaffung eines speziellen Datenprogrammes in Betracht ziehen, mit dessen Hilfe das alltägliche Verhalten der Schüler/innen im Unterricht kontinuierlich dokumentiert werden kann. Auf diese Art und Weise kann sich jede Lehrkraft lückenlos über das Verhalten der Schülerinnen und Schüler informieren und sich entsprechend organisieren und vorbereiten. Eine Evaluation ist mit empirisch erhobenen Daten ebenfalls effizienter. Die Kooperation zwischen Eltern und Schule hat einen wichtigen Stellenwert. Die Eltern müssen detailliert informiert sein und gegebenenfalls ihr Einverständnis geben. Eine Kooperation der Schulleitung und des Kollegiums mit externen Institutionen wie Jugendamt, Polizei, Justiz und Vereinen ist in regelmäßigen Abständen durchzuführen, was insbesondere für konfrontative Ansätze hinsichtlich einer Gewaltprävention gilt. Um die Strategie in die Praxis umsetzen zu können, bedarf es einiger wichtiger Prinzipien, nach denen die Lehrerschaft handeln sollte, demzufolge werden immer nur Schülerinnen und Schüler konfrontiert, denen der Lehrkörper auch positive Gefühle wie Sympathie, Empathie und Wertschätzung entgegenbringen kann. Außerdem muss hinter jeder Konfrontation ein Ziel stehen. Das kann z.B. eine Tatkonfrontation oder eine Konfliktaufarbeitung sein. Eine Konfrontation der Schülerin/des Schülers muss immer auf der Basis ihrer/seiner Eigenverantwortlichkeit und Interventionserlaubnis geschehen und nicht allein der Konfrontation willen oder um eigene Aggression abzubauen. Ein konfrontatives Vorgehen ersetzt nie die Beziehungspädagogik, sondern ist als eine Ergänzung zu verstehen, die entsprechend der situativen Anforderungen angewendet wird (Vgl. Pöhlker u.a. 2006, S.125). Der Handelnde muss sich darüber bewusst sein, dass der konfrontative Ansatz einen langen Atem erfordert, um alle Schüler zu erreichen, denn letztendlich ist das Ziel nicht Anpassung, sondern Einsicht. Zudem sollte er bedenken, dass Schüler/innen nicht immer so verändert werden können, wie man es im Idealfall gerne hätte. Der Kontext muss dementsprechend verändert werden, so dass unerwünschtes Verhalten seltener auftritt. In Konfliktsituationen soll konfrontativ und eindeutig gehandelt werden, jedoch ist es wichtig, dass die Schülerin / der Schüler selbstständig zur Konfliktlösung beiträgt und lernt Konsequenzen zu tragen. Konfrontation kann und soll allen Beteiligten Spaß machen! Obige Textpassagen umschreiben die grundsätzliche Strategie, Vorbereitung und Vorgehensweise, die bei der Einführung eines konfrontativen Ansatzes relevant ist. Die praktische Umsetzung der Strategie findet in der Regel phasenweise statt, wobei sich die Phasen je nach Programm unterscheiden können. Klassische Phasen, die die Teilnehmer idealtypisch durchlaufen sollen, sind beispielsweise die Integrationsphase, Konfrontationsphase, Gewaltverringerungsphase (Realisationsphase) und die Nachbetreuungsphase (Vgl. Weidner / Wolters 1991, S.210f.). In der Integrationsphase ist es zunächst wichtig, eine vertrauensvolle Basis zwischen Lehrer- und Schülerschaft herzustellen. Ziel ist es, einen persönlichen Bezug zu den Schülern aufzubauen und sich anschließend einen Überblick über die Klassenkonstellation und das Konfliktverhalten zu machen. In der Regel wird versucht, über Freizeitaktivitäten und/oder Einzel- bzw. Gruppengespräche das Kennenlernen einzuleiten. In angesprochenen Einzelgesprächen kann vor Kursbeginn noch einmal die individuelle Kursmotivation hinterfragt und die Ziele des Programmes erläutert werden. Am Anfang des Programmes ist es weiterhin sinnvoll, Kooperationsübungen einzubauen, um das prosoziale Gruppenverhalten der Schüler zu fördern. Um Konfliktlösungen zu erarbeiten, bieten sich Rollenspiele an. Im weiteren Verlauf werden Konfliktgespräche geführt, die der Konflikt-Thematisierung und der Lösungsfindung dienen (Vgl. Bausmann 2006, S.113). In diesen Gesprächen sollten sich alle Beteiligten über ihre Stärken und Schwächen bewusst werden und auf diesem Fundament Vereinbarungen treffen, die für alle verbindlich einzuhalten sind. In der nachfolgenden Konfrontationsphase wird vor allem mit sogenannten Provokationstests gearbeitet, bei denen jeder einzelne Teilnehmer punktgenau und mit steigender Intensität mit seinen persönlichen Schwächen konfrontiert wird. In der Regel werden diese Situationen mit weiteren für den Probanden unangenehmen Verhaltensweisen verknüpft. Je nach dem, was der Proband am wenigsten mag, wird genau dieses Verhalten gezeigt, z.B. wird ihm im Gesicht herum getätschelt (Vgl. Burschyk u.a. 2000, S.74). In der Realisationsphase soll die Umsetzung des Gelernten im täglichen Leben erfolgen. Über eventuell aufgearbeitete Taten oder gezeigtes Fehlverhalten sollte weiterhin mit den Eltern und Freunden gesprochen werden. Im kognitiven Bereich sollte eine Verschiebung der Werte hin zu einem friedfertigen und souveränen Verhalten stattfinden (Vgl. Heilemann / Fischwasser-von-Proeck 1998, S.78f.). In der Nachbetreuungsphase wird aus der Sicht der/des Trainer/in geeigneten Teilnehmerinnen/Teilnehmern die Möglichkeit gegeben, als Tutoren an neuen Kursen teilzunehmen und ihr Wissen und ihre Erfahrungen weiterzugeben. Sie können z.B. in veranstalteten Nachtreffen über ihre Erlebnisse und Alltagserfahrungen berichten und so wiederum neuen Kursteilnehmern wichtige Ratschläge geben.

Die verfolgten Ziele der Konfrontativen Pädagogik in der Schule beginnen bei relativ banalen und einfachen Sachverhalten. Zunächst soll der Umgang und das Einhalten von festgelegten Regeln vermittelt werden und die Verdeutlichung von Normen und Werten steht im Vordergrund. Grundsätzlich soll die soziale Kompetenz gefördert werden. Es findet eine Thematisierung des Gewalt- und Konfliktverhaltens und eine Sensibilisierung für Konfliktsituationen statt. Die Schüler sollen lernen, ihre eigenen Empfindungen und Gefühle, die häufig auch mit körperlichen Anzeichen wie z.B. Herzklopfen und/oder Anschwellen von Adern einhergehen, mit allen Sinnen wahrzunehmen. D.h. es wird eine Verbesserung der Körperwahrnehmung auf physiologischer und psychologischer Basis angestrebt. Es ist zudem Ziel, die eigene Befindlichkeit in der Konfliktsituation zu erkennen und die eigene Täter-/Opferdisposition wahrzunehmen (Vgl. Gall 2001, S.100). Ein weiteres wesentliches Ziel ist das Erkennen der eigenen Möglichkeiten, Schwächen und Stärken und der Aufbau einer Selbstakzeptanz. Eine Reduzierung der Feindlichkeitswahrnehmung sollte ebenfalls erfolgen. Alle diese Ziele dienen sowohl der Abnahme körperlicher als auch verbaler Gewalt und sollen im Endeffekt zu einer Opfervermeidung führen. Das Wir-Gefühl des Klassenverbandes soll gestärkt werden, um dadurch bei den Schülern Interesse an gemeinsamen Zielen zu wecken und gegenseitiges Interesse und Akzeptanz aufzubauen. Das Erkennen von Rollenverhalten, Rollenzuweisungen und Rollenerwartungen ist ebenfalls relevant. Zudem dienen einige Programme dazu, die Zusammenarbeit zwischen Schule, Jugendhilfe und den Familien zu verbessern sowie bei den Schülern eine Erhöhung der Konzentrationsfähigkeit zu erreichen.

4.3 Ziele der Konfrontativen Pädagogik – Normative Vorgaben

Prinzipiell sind die Ziele der Konfrontativen Pädagogik unter Beachtung der normativen Vorgaben der Landesverfassung Rheinland-Pfalz (LV RLP), des Schulgesetzes (SchulG RLP) und der übergreifenden Schulordnung (SchulO RLP) erreichbar und legitimiert. Es existieren jedoch Gesetze und Verordnungen, gegen die unter Umständen verstoßen werden kann. Konfrontierende Arrangements im schulischen Bereich legitimieren sich als Handlungsform im Kontext der methodischen Umsetzung der in SGB VIII beschriebenen jugendhilfespezifischen Aufgabenvielfalt. Dabei geht es im Gesetz um sozialpädagogische Förderung (Vgl. SGB VIII §11f.) und um Hilfen (Vgl. SGB VIII §27f.), die den Status sozialer Dienstleistungen besitzen. Des Weiteren ist das Grundverständnis der Kinder- und Jugendhilfe seit dem Inkrafttreten des SGB VIII 1990/91 von einem umfassenden Leistungskonzept getragen, das eine Realisation der Sozialpädagogik ohne Strafen vorsieht und sich darauf fokussiert hat, einen eigenverantwortlichen und gemeinschaftsfähigen jungen Menschen hervorzubringen (Vgl. SGB VIII §1 Abs.1). Im Mittelpunkt jeder Tätigkeit der Jugendhilfe steht das Wohl des Einzelnen und an keiner Stelle des SGB VIII ist im Sinne des verfassungsrechtlichen Gesetzesvorbehaltes eine Ermächtigung für eine strafende bzw. konfrontative Pädagogik eingeräumt (Vgl. Grummt u.a. 2010, S.168). Der auf Freiwilligkeit und Selbstbestimmung basierenden Jugendhilfe wird angesichts einer zunehmenden Verhängung von Untersuchungshaft gegen Jugendliche und Heranwachsende wenig zugetraut, denn kommt sie mit strafender Pädagogik in Berührung (z.B. in der Jugendsozialarbeit und der Sanktionierung junger Menschen), stellt sich die Frage, wie belastbar der „straflose Jugendhilfeansatz" wirklich ist (Vgl. Grummt 2010, S.170). Geschilderte Sachverhalte werden relevant, wenn an Schulen konfrontative Ansätze angewendet werden, die einem umfassenden konzeptionell-systemischen Rahmen unterliegen und aufgrund dessen die Jugendhilfe als einen der externen Partner mit in das Netzwerk aufnehmen. Weiterhin kann bei eventuellen Kindeswohlverletzungen das staatliche Wächteramt eingreifen. In diesem Fall sind folgende Paragraphen relevant: SGB VIII § 1, Abs.2 und GG Art.6, Abs.2. Weiterhin ist das Elternrecht wichtig. Es besteht die Möglichkeit, mit konfrontativen Ansätzen eventuell in dieses einzugreifen (Vgl. SGB VIII §42, 43, 50). Das Grundgesetz legitimiert diese mögliche Verletzung des Elternrechts (Vgl. GG Art.6, Abs.2.). Aufgrund dessen sollte die Einführung eines neuen Ansatzes immer mit den Eltern besprochen und eine Einverständniserklärung eingeholt werden. Es bleibt zudem festzuhalten, dass vor dem Hintergrund des SGB VIII die Pflicht der Beachtung der Grundrechte besteht, dies gilt auch für Kurse mit konfrontativen Ansätzen, die von freien und anderen Trägern sowie Schulen durchgeführt werden (Vgl. SGB VIII §74, 75). Da in konfrontativen Arrangements häufig auch der sogenannte „heiße Stuhl" eingesetzt wird, sind Verletzungen der Grundrechte des jeweiligen Teilnehmers aus Art. 1 I, 2 I, 2 II 1, 104 I 2 GG in Betracht zu ziehen (Vgl. Hein 2006, S.203). Dies ist beispielsweise durch massive Konfrontation der Teilnehmer mit ihren Taten durch andere Teilnehmer und dem Trainerteam möglich, da hier unter anderem mit Provokationen, Beschimpfungen und anderen „Gemeinheiten" gearbeitet wird. Die „Einkreisung" des Probanden durch einen Stuhlkreis könnte ebenfalls so ausgelegt werden (Vgl. Rzepka 2004, S.126). Außerdem könnte die massive Konfrontation und das dahinterstehende Konditionierungsverständnis Fragen nach den juristi-schen und ethischen Grenzen der Verhaltensmodifikation aufwerfen (Vgl. Weidner / Wolters 1991, S.211f.). Im Rahmen einer Grundrechtsverletzung bereitet insbesondere die Bestimmung des Schutzbereiches einige Probleme und zwar gerade wenn dieser negativ bestimmt werden würde. In diesem Fall ist die Menschenwürde betroffen, „wenn der konkrete Mensch zu einem Objekt, zu einem bloßen Mittel, zur vertretbaren Größe herabgewürdigt wird" beziehungsweise eine Behandlung erfährt, die seine Subjektqualität prinzipiell in Frage stellt" (Vgl. Düring 1956, S.117). Es besteht ebenfalls die Möglichkeit, eine Verletzung der seelischen Identität und Integrität zu begehen. Ein solcher Eingriff ist auf verschiedene Art und Weise denkbar, bei-spielsweise durch Gehirnwäsche, systematische Demütigung oder gar durch Brechung der Identität (Vgl. GG Art. 1, Abs.1).

Abschließend kann zusammengefasst werden, dass die Frage nach rechtlichen Grenzen einer Konfrontativen Pädagogik zum einen an den verfassungsrechtlichen und zum anderen an den einfachgesetzlichen Regelungen materiell zu messen ist. Bei dieser Prüfung haben sich eine Reihe grundsätzlicher materiell-rechtlicher Grenzen aufzeigen lassen, die es von den Trägern der Jugendhilfe sowie den Fach- und Lehrkräften in der alltäglichen pädagogischen Arbeit zu beachten gilt.

4.4 Konfrontative Programme für die Realschule plus

Elemente der Konfrontativen Pädagogik lassen sich auf verschiedene Art und Weise in den Schulalltag implementieren. Nachfolgend finden ein Überblick und eine kurze Beschreibung der Methoden und Programme statt, die in der Realschule plus angewendet werden können. Begonnen wird mit dem Coolness-Training (CT). Es kann als schulisches Pendant des Anti-Aggressivitäts-Training (AAT) bezeichnet werden, da es nicht ausschließlich für delinquente Jugendliche konzipiert wurde, sondern ebenfalls eine prophylaktische Ausrichtung aufweist. Das Coolness-Training ist eine gewaltpräventive Methode, die bereits in der Jugendhilfe in gewaltpräventiven Projekten angewendet wurde. Mittlerweile treten in der Schule immer häufiger massive Probleme im Konfliktverhalten auf, so dass die Methode nun auch in Schulen Anwendung findet. Das Coolness-Training erarbeitet im Handlungsviereck von Täter, Opfer, Zuschauer und Schule Verhaltensalternativen für Gewaltereignisse. Es werden Gewaltursachen, Auslöser und Gelegenheiten thematisiert, wobei das finale Ziel immer die Opfervermeidung ist. Das handlungsleitende Motiv gründet auf folgenden Leitsatz: Die Person und ihr gewalttätiges Verhalten verstehen, mit diesem aber nicht einverstanden sein (Vgl. Gall 2006, S.95). Innerhalb dieses Trainings werden verschiedene Methoden angeboten. Diese reichen von körperlich betonten Spielen, in denen die Teilnehmer/innen lernen, ihre aggressiven Anteile und körperliche Reaktionen wahrzunehmen über Rollenspiele, interaktionspädagogische Übungen zur Förderung der Eigen- und Fremdwahrnehmung bis hin zur Konfrontation auf dem „heißen Stuhl". Des Weiteren werden Visualisierungstechniken zum Sichtbarmachen von Erfahrungen, Meinungen und Verhaltensmustern, Deeskalationstechniken und Entspannungs- und Vertrauensübungen angewendet. Um ein länger andauerndes Coolness-Training (3 bis 5 Monate, 2 bis 3 Schulstunden pro Woche) durchführen zu können, müssen zuerst bestimmte Voraussetzungen gegeben sein. Grundsätzlich muss die gesamte Institution Schule Bereitschaft zeigen, ein solches Training mit seinen besonderen Prinzipien durchzuführen. Das Gleiche gilt für teilnehmende Klassen bzw. Gruppen. Weiter zu erfüllende Voraussetzungen sind das Einverständnis der Eltern sowie eine situative Interventionsberechtigung, die der Pädagoge beim Teilnehmer unmittelbar vor der Konfrontation einholen muss. Die Keep-Cool-Gruppe ist ein konfrontativ-systemisches Gruppentraining für gewalttätige Schüler/innen von 13 bis 17 Jahren und basiert ebenfalls auf dem Anti-Aggressivitäts-Training von Jens Weidner. Der Leitgedanke des Gruppentrainings ist, dass die Delinquenten lernen, Verantwortung für ihre Taten zu übernehmen. Die Teilnahme ist vom Grundsatz her freiwillig, aber es können auch Jugendliche aufgrund einer verpflichtenden Auflage der Jugendhilfe in eine Keep-Cool-Gruppe verwiesen werden. Die Sitzungen finden mindestens einmal wöchentlich statt, dauern in der Regel drei Unterrichtsstunden und sind auf ein Schuljahr ausgelegt (Vgl. Pöhlker u.a. 2006, S.134). Zu Beginn wird ein Beratungsgespräch geführt, in dem überprüft wird, ob die/der Jugendliche bereit ist, Verantwortung für ihr/sein gewalttätiges Verhalten zu übernehmen, aktiv mit-zuarbeiten und sich zu verändern. Die Auseinandersetzung über das Gewaltverhalten und sämtliche angewendete Methoden finden immer in der Gruppe statt. Zu den Methoden zählen: Szenarien mit unterschiedlichen Rollen-verteilungen, Fragebögen, „Kosten-Nutzen-Analysen" und Krisenberatungen innerhalb der Gruppe, die sich jeweils auf aktuelle Konflikte beziehen. Eine sozialräumliche Vernetzung findet durch stetige Kontakte zwischen Eltern, Schule, Arbeitgeber, Jugendamt und Polizei zusätzlich statt. Die Pädagogik der Keep-Cool-Gruppe zur Gewaltreduktion erfordert eine Ausbildung zur/zum AAT/CT-Trainer/in. Auf jeden Fall sollte vermieden werden, diese Methode ohne spezielle Qualifikation in den Schulalltag zu integrieren (Vgl. Pöhlker u.a. 2006, S.137). Es ist anzumerken, dass die Keep-Cool-Gruppe ein Grundbestandteil verschie-dener konfrontativ-systemisch aufgebauter Interventionsprogramme ist. Das Konfrontative Soziale Training wurde im Jahr 2000 von dem Verein „Rauchzeichen" e.V. in Zusammenar-beit mit der Jugendgerichtshilfe Hamburg-Harburg entwickelt und richtet sich an Mehrfach-, Intensiv-, und Ersttäter (Vgl. Krohn u.a. 2006, S.143). Es grenzt sich von den gewöhnlichen Sozialen Trainings durch seine konfrontative Ausrichtung und den Einsatz konfrontativer Feedback-Runden und Interviews ab. Das Konfrontative Soziale Training ist ein Mittel zur Professionalisierung und Qualitätssicherung in der Schule und zielt auf sozial benachteiligte Jugendliche ab. Die Methode orientiert seine Arbeit nicht primär an dem Sozialisationsfeld Schule, sondern auch an den Bereichen der Jugendhilfe und der Familie. Das heißt, die Arbeit des Programmes ist als eine Schnittstellentätigkeit zu verstehen. Auch bei diesem Programm ist es zunächst unabdingbar, alle Beteiligten wie Lehrer und Elternvertreter über die Inhalte und Besonderheiten des Programmes zu informieren. Wichtig ist, dass dieses Programm zunächst nicht ohne einen ausgebildeten KST-Trainer durchgeführt werden kann. Es besteht die Möglichkeit, das Konfrontative Soziale Training kontinuierlich anzubieten und komplett in das Schulkonzept zu implementieren. In diesem Fall stellt sich die Frage, ob es auch weiterhin durch externe Trainer geleitet werden soll oder ob einige Lehrkräfte sich entspre-chend fortbilden. Das Programm erstreckt sich auf 24 Gruppensitzungen à zwei Unterrichts-stunden, die in der Regel in einem Abstand von 14 Tagen stattfinden. Hauptsächlich einge-setzte Methoden sind die Konfrontative Feedback-Runde (KFR) und das Konfrontative Interview (KI) (Vgl. Krohn u.a. 2006, S.143). Um den verschiedenen Altersstrukturen gerecht zu werden, sind sämtliche Gruppensitzungen durchsetzt von gruppendynamischen Aktionsspielen, auflockernden Bewegungsspielen sowie Methoden zur Steigerung der Konzentrationsfähigkeit. Bei dem Konfrontativen Interventionsprogramm (KIP) handelt es sich ebenfalls um einen konfrontativ-systemischen Ansatz, der von dem Lehrerkollegium des Eylardius-Gymnasiums 1996 geprägt wurde (Vgl. Pöhlker 2006, S.124). Die beteiligten Lehrkräfte haben die ursprüngliche Konfrontative Pädagogik auf der Basis des Anti-Aggressivitäts-Trainings an die Anforderungen des Schulalltags zugeschnitten und an die spezifischen Erfordernisse der gewaltbereiten Kinder und Jugendliche angepasst. Dieser Prozess ist nicht zu Ende und wird auch nie abgeschlossen sein. So ist gewährleistet, dass das Konfrontative Interventionsprogramm stets dynamisch, anpassungsfähig, reflexiv, aber auch fordernd, fördernd und präventiv bleibt und sich zudem noch weiterentwickelt. Nachfolgende pädagogische Grundideen spielen im vorliegenden Programm eine besondere Rolle. Die Beziehung und Wertschätzung der Schüler sind die Basis der konfrontativen Arbeit. Ein konfrontatives Vorgehen ersetzt nicht die Beziehungspädagogik, sondern ist immer als Ergänzung anzusehen, die entsprechend den situativen Erfordernissen eingesetzt wird. Die systemische Sichtweise des Konzeptes sieht vor, das Verhalten der Schülerin/des Schülers nicht deterministisch verändern zu wollen, sondern den Kontext so zu gestalten, dass unerwünschtes Verhalten seltener auftritt und erwünschtes Verhalten wahrscheinlicher wird (Vgl. Pöhlker 2006, S.126). Grundsätzlich ist das Vorgehen in Konfliktsituationen konfrontativ, es wird aber auch ressourcenorientiert gearbeitet, indem die Schüler/innen bei Konfliktlösungen aufgefordert werden, selbstständig Lösungen zu produzieren und so lernen, Konsequenzen zu tragen. Das Konfrontative Interventionsprogramm wird als zentraler Bestandteil in das pädagogische Gesamtsetting der jeweiligen Schule integriert und bestimmt somit die gesamte schulische Organisation. Das Konzept vernetzt das schulinterne pädagogische Setting mit dem konfrontativen Ansatz und versucht entsprechende Vernetzungen mit externen Partnern zu forcieren. Schulübergreifend werden in diesem Zusammenhang Keep-Cool-Gruppen (KCG), Elterntraining, Kooperation mit dem Jugendamt und Polizei sowie verschiedene Informationsveranstaltungen angeboten. Des Weiteren umfasst das Konzept unterschiedliche Angebote in Lerngruppen, die strukturierte und ritualisierte Unterrichtsprinzipien einüben und die Verstärker- und Rückmeldesysteme sowie Time-Out-Systeme für die Schüler/innen anbieten. Die im weiteren Verlauf ebenfalls vorgestellte Soziale Gruppenstunde (SGS) ist genauso fester Bestandteil des Konzeptes wie regelmäßige Unterrichtsbeobachtung, die ausgewertet und daraufhin der Unterricht bei Bedarf angepasst wird. Das Konzept bietet für einzelne Schüler/innen oder Eltern die Möglichkeit, sich in Krisen beraten zu lassen oder eine soziale Einzelstunde in Anspruch zu nehmen. Selbst im Schulalltag wird die konzeptionelle Ausrichtung deutlich. Die Schüler/innen tragen Mitverantwortung, indem sie für eine gewaltfreie und entspannte Pausengestaltung sorgen. Zusätzlich werden ein Krisenbüro und aktive Aufsicht im Schulalltag implementiert. Damit das Programm effizient umgesetzt werden kann, besteht ein klares und abgestimmtes Regelwerk, nach dem sich auch die pädagogische Arbeit in der Schule richtet. Es ist gleichermaßen wichtig, dass innerhalb des Kollegiums die kontinuierliche Bereitschaft zur Fort- und Weiterbildung besteht. Sie ist die Basis für regelmäßige Umsetzung konzeptioneller Vorgaben im Schulalltag und für konzeptionelle Weiterentwicklung. Auch dieses Konzept greift auf ein spezielles Datenverarbeitungsprogramm zurück, das besondere Vorkommnisse und das alltägliche Verhalten der Schüler dokumentiert. Die Soziale Gruppenstunde (SGS) steht in der Regel weder thematisch noch inhaltlich oder begrifflich im Stundenplan. Dennoch ist sie mit etwas gutem Willen und Improvisation in den Wochenplan einer Klasse einzubauen. Sie sollte regelmäßig zu einem festen Termin stattfinden, z.B. einmal wöchentlich in einer bestimmten Unterrichtsstunde und vom Klassenlehrer und den pädagogischen Mitarbeitern durchgeführt werden. Prinzipiell können die Schüler/innen selbst entscheiden, ob sie an der Sozialen Gruppenstunde teilnehmen möchten oder nicht. Wenn nicht, bekommen sie anderweitige schulische Aufgaben zur Bearbeitung. In der Sozialen Gruppenstunde werden Klassenregeln definiert, die für alle Schüler einzuhalten sind und in jeder Stunde werden einige Schüler/innen ausgewählt, die sich vorstellen dürfen und etwas aus ihrem Leben berichten können. Auf diese Art und Weise wird das Gruppengefüge der Klasse gestärkt. Außerdem werden Klassensoziogramme erstellt. Sie visualisieren die Beziehungen der Klassenmitglieder untereinander und verdeutlichen, bei welchen Beziehungen eventuell Verbesserungsbedarf besteht. Das Konfrontative Interview (KI) ist eine konfrontative Interventionsform, die dazu gedacht ist, verstärkt auf abweichendes Verhalten von Schülern beispielsweise in Form eines Nachgespräches reagieren zu können. Im Gegensatz zur Konfrontativen Feedback-Runde ist diese Methode für die Arbeit mit jüngeren Schülern von 10 bis 13 Jahren gedacht. Sie basiert auf der Erfahrung, dass Schüler in diesem Alter noch nicht den Anforderungen der Konfrontativen Feedback-Runde (ausgeprägter Spannungsbogen und aktive Mitarbeit) gewachsen sind und sich somit der kürzere Ablauf des Konfrontativen Interviews empfiehlt, das sowohl im Gruppen-, als auch im Einzelgespräch erfolgen kann. Das Vorgehen im Konfrontativen Interview gliedert sich in fünf Phasen (Vgl. Krohn u.a. 2006, S.154). Vor der eigentlichen ersten Phase, dem „Ablassen der Frustrationssäure" muss ohne Ausnahme interveniert werden. Erst daraufhin wird der Schülerin/dem Schüler die Möglichkeit gegeben, sich abzureagieren, so dass eine Art Katharsis stattfinden kann. Anwendbar ist z.B. das Einschlagen in ein Kissen oder ein anderes vereinbartes Ritual.

Im zweiten Schritt wird die Schülerin/der Schüler mit der Realität konfrontiert und die in dieser Situation häufig auftretenden Neutralisierungstechniken werden nicht zugelassen. Daraufhin wird ein Zukunftsszenario entworfen, das der Schülerin/dem Schüler mögliche Konsequenzen aufzeigt, falls sie/er das zu beanstandende Verhalten beibehält. Hierbei kann der Lehrkörper ruhig das Schlimmste der vorstellbaren Szenarien auswählen und dem Klienten schonungslos aufzeigen, welche drastischen Konsequenzen unter Umständen entstehen können. Es geht nicht um Einschüchterung, sondern darum Eigenverantwortlichkeit zu entwickeln. Anschließend werden den Schülerinnen /den Schülern realitätsgerechte Verhaltensoptionen demonstriert und begründet. Wenn diese in spätere Alltagssituationen übernommen werden, sollten sie umgehend durch Lob positiv verstärkt werden, um eine Stabilisierung zu erreichen. Zuletzt wird eine Wiedergutmachungsleistung vereinbart, d.h. zum Abschluss des Gespräches sollte immer eine Konsequenz feststehen, die den Klienten bei unerwünschtem Verhalten erwartet. Wenn jemand zum Opfer geworden ist, sollte in jedem Fall irgendeine Art von Wiedergutmachung erfolgen. Existiert kein direktes Opfer, besteht die Möglichkeit, der Schülerin/dem Schüler eine spezifische Hausaufgabe aufzugeben. So sollten sie z.B. Alltagssituationen darstellen, in denen sie sich nach eigener Einschätzung richtig und anders verhalten haben. Vom Lehrkörper muss die Aufgabe dann gegengezeichnet werden. Bei der Trainingsraum-Methode handelt es sich um ein Programm zur Stärkung der Eigenverantwortung und Reduzierung von Unterrichtsstörungen. Sie bezieht sich auf das amerikanische Programm „Discipline for Home and School", das von Ford zwischen 1997 und 1999 entwickelt und von Bründel und Simon 2003 für deutsche Schulen angepasst wurde (Vgl. Bründel / Simon 2007, S.40f.). Es gilt als ein erprobtes, konkretes und praktikables Programm, das den eigenverantwortlichen Umgang der Schüler/innen mit Unterrichtsstörungen und somit einen stressfreieren Unterricht zum Ziel hat. Grundlage der Methode ist die Auffassung, dass sich Lehrer- und Schülerschaft in der Schule in einer Gemeinschaft befinden, die für alle durch einzuhaltende Regeln und entsprechende Konsequenzen bei Nichteinhaltung gekennzeichnet ist. Rechte und Pflichten sind von Lehrern und Schülern einzuhalten. Somit hat jede/r Schüler/in das Recht auf guten Unterricht und die Pflicht, diesen störungsfrei zu ermöglichen. Gleiches gilt für die Lehrer/innen, nur sie haben die Pflicht, diesen gut zu gestalten. Die Grundidee ist, dass sowohl die Schüler als auch die Lehrer für ihr eigenes Denken und Verhalten verantwortlich sind und jeweils das Beste aus ihrer spezifischen Aufgabe machen sollen. Dies impliziert eine gute Beziehung zwischen Lehrern und Schülern und eine gegenseitige Behandlung mit Wertschätzung und Respekt. Der Trainingsraum kann hierbei der Klassenraum oder ein speziell eingerichteter Raum („Raum für eigenverantwortliches Denken bzw. Raum für soziales Denken") sein. Diejenigen Schüler, die sich für den Raum entschieden haben, erhalten Hilfe und Unterstützung von einem in Gesprächsführung geschulten Trainingsraum-Pädagogen. Er begleitet sie beim unterrichtlichen Lernprozess, reflektiert mit ihnen ihr Störverhalten und erarbeitet Verhaltensalternativen. Schülerinnen/Schüler, die die Mitarbeit im Trainingsraum verweigern, werden bei Störungen mit denselben Frageritualen konfrontiert und ihr Verhalten wird keinesfalls akzeptiert. Sollten sie dann immer noch nicht bereit sein mitzuarbeiten, entscheiden sie sich dadurch nach Hause zu gehen (Vgl. Krohn u.a. 2006, S.172). Die Konfrontative Mediation erhält als konfliktlösende Methode in den Schulen einen zunehmend höheren Stellenwert. Sie arbeitet nach dem Grundsatz: „Wenn zwei sich streiten, hilft ein Dritter!" Mediation bedeutet wörtlich übersetzt „Vermittlung" und bei dem vorliegenden Programm wird ein neutraler Dritter, der Mediator zur Konfliktbearbeitung und –lösung hinzugezogen. Er nimmt den Konfliktparteien die Konfliktlösung jedoch nicht ab, sondern setzt mit einzelnen Schritten und verschiedenen Methoden einen Rahmen, in dem sich beide Parteien wieder differenziert wahrnehmen und eine einvernehmliche Lösung für den Konflikt finden können. Die Konfrontative Mediation eignet sich sehr gut, um die in Konflikten und Auseinandersetzungen häufig verhärteten Fronten aufzulockern und die Eskalationsspirale zu durchbrechen. Bei dieser Methode geht es nicht darum zu klären, wer Recht hat oder wer schuldig ist, sondern dafür zu sorgen, dass sich die Beteiligten wieder vertragen. Eine klassische Mediation ist freiwillig. Dies gilt jedoch nicht für den hier vorliegenden Ansatz in der Schule, denn die konfrontative Methodik widerspricht dieser Sichtweise und rückt den Erziehungsauftrag der Schule in den Mittelpunkt. Nach diesem Verständnis hat der Lehrkörper eine besondere Erziehungsverantwortung und sollte nach dem Prinzip „Nicht die Mediation ist freiwillig, sondern die Lösung" agieren (Vgl. Grüner / Hilt 2004, S.4f.). Das bedeutet, dass die Mediation ein erzieherisches Element der Schule darstellt und somit für alle Schüler/innen zur Lösung ihrer Konflikte verpflichtend ist. Natürlich wird niemand zur Lösung oder Einigung gezwungen, aber das Angebot sollte trotzdem als ein verpflichtendes angesehen und deklariert werden. Die pädagogische Grundhaltung dieses Angebotes orientiert sich wie die Trainingsraum-Methode an der Idee der Eigenverantwortlichkeit, wonach jede/r Lehrer/in und Schüler/in im Sozialisationsfeld Schule für sein Denken und Handeln selbst verantwortlich ist. Die Konfrontative Mediation wird im Gegensatz zu anderen Schüler-Streitschlichtungs-Verfahren ausschließlich von Erwachsenen durchgeführt. Die Grenzen des Ansatzes liegen bei schweren Gewaltdelikten, beispielsweise schwerer Körperverletzung, insbesondere unter Anwendung von Waffengewalt, schwerem Raub sowie sexuell motivierten Delikten. Des Weiteren zählen Drogendelikte nach dem Betäubungsmittelgesetz (BTMG), schwerer Vandalismus sowie familiäre Probleme nicht zum Aufgabenfeld von Mediatoren. Das Konfrontative Soziale Kompetenz-Training (KSK) verfolgt das Motto „Miteinander klarkommen" und ist ein innovatives Lernangebot zur Förderung sozialer und interkultureller Kompetenz in der Schule. Es handelt sich hierbei um ein spezielles Trainingsmodul für sozial benachteiligte Jugendliche und basiert auf einem theoretisch-kognitiven Paradigma. Aufgrund dessen ist es Ziel des Ansatzes, aggressives und antisoziales Verhalten sowie die heutzutage teilweise problematischen Einstellungen der Jugendlichen positiv zu beeinflussen (Vgl. Büchner 2006, S.191). Der zeitliche Rahmen umfasst eine dreistündige Gruppensitzung pro Woche, die durch Einzelgespräche und erlebnispädagogische Unternehmungen vervollständigt wird. Die Gruppengröße beschränkt sich auf maximal zehn Schüler und zwei Trainer/innen mit abgeschlossenem Hochschulstudium (z.B. Pädagogik, Soziale Arbeit, Psychologie) oder einer vergleichbaren Ausbildung. Einer der Trainer/innen sollte eine Zusatzqualifikation zur/zum KSK-Trainer/in vorweisen können. Das Konfrontative Soziale Kompetenz-Training folgt einem optimistischen Menschenbild und handelt nach dem Leitsatz: „Den Menschen mögen, aber nicht mit seinem abweichenden Verhalten einverstanden sein". Dahinter steht ein Professionalitäts-Verständnis, das in Prozenten ausgedrückt, auf 80 Prozent Empathie und 20 Prozent Konfrontation aufgebaut ist. Es ist nicht als Zusatzangebot zum Regelunterricht zu verstehen, sondern dient als ein Mittel zur Professionalisierung, Qualitätssicherung und Organisationsentwicklung für Schulen und Einrichtungen (Vgl. Büchner / Ziegler 2005, S.1).

Ziele	Coolness-Training (CT)	Keep-Cool-Gruppe (KCG)	Konfrontatives Soziales Training (KST)	Konfrontatives Interventionsprogramm (KIP)	Soziale Gruppenstunde (SGS)	Konfrontatives Interview (KI)	Trainingsraum-Methode	Konfrontative Mediation	Konfrontatives Soziales Kompetenz-Training (KSK)
Ziele der Konfrontativen Pädagogik — Konfrontative Programme für die Realschule plus (Vgl. Kilb u.a. 2006, S. 107f.)									
Umgang und Einhaltung von Regeln	ja	ja	ja	ja	ja	ja	ja	ja	ja
Verdeutlichung von Werten und Normen	ja	ja	ja	ja	ja	ja	ja	ja	ja
Thematisierung des Gewalt- und Konfliktverhaltens	ja	ja	ja	ja	ja	ja	nein	ja	ja
Sensibilisierung für Konfliktsituationen	ja	ja	ja	ja	ja	ja	nein	ja	ja
Stärkung des Wir-Gefühls / des Klassenverbandes	ja	nein	nein	ja	ja	ja	ja	ja	ja
Verbesserte Körperwahrnehmung (physiologisch / psychologisch)	ja	ja	ja	ja	nein	nein	nein	nein	ja
Erkennen von Rollenverhalten, Rollenzuweisungen und Rollenerwartungen	ja	ja	ja	ja	ja	ja	ja	ja	ja
Opfervermeidung	ja	ja	ja	ja	ja	ja	nein	ja	ja
Steigerung der Konzentrationsfähigkeit	nein	nein	nein	ja	nein	ja	ja	nein	nein
Ausrichtung / Zielgruppe	konfrontativ-prophylaktisch/gewaltbereite Kinder und Jugendliche	konfrontativ-systemisches Gesamtkonzept/für gewaltbereiteKinder und Jugendliche von 13-17 Jahren	konfrontativ-systemisches Gesamtkonzept/Mehrfach-, Intensiv- und Einzeltäter	konfrontativ-systemisches Gesamtkonzept/gewaltbereite Kinder und Jugendliche	Sozialer Ansatz zur Stärkung des Gruppengefüges/alle Schüler	konfrontative Ausrichtung/jüngere, verhaltensauffällige Schüler von 10-13 Jahren	Ansatz zur Stärkung der Eigenverantwortung und zur Reduzierung von Unterrichtsstörungen/alle Schüler	konfrontativ-konfliktlösender Ansatz/alle Schüler	konfrontativer Ansatz als Mittel zur Professionalisierung und Qualitätssicherung/sozial benachteiligte Jugendliche

Abbildung 4: **Konfrontative Programme für die Realschule plus**

5 Modellprojekt

Das fiktive Modellprojekt nennt sich Konfrontatives Interventionskonzept (KIK) und basiert auf einem konfrontativ-systemischen Ansatz. Es geht auf eine Initiative des Arbeitskreises „Realschule plus und Jugendhilfe in der Region Koblenz" zurück, der sich 2011 gebildet hat, um an praktisch relevanten Schnittstellen zu arbeiten. In diesem Arbeitskreis wirkten kommunale Vertreter und Vertreterinnen der Region und der Länder zusammen. Daraus erklärten sich zwei regional angrenzende Jugendämter bereit, das Jugendamt Koblenz (Stadtverwaltung Koblenz) und das Jugendamt Mayen- Koblenz, an dem Modellprojekt mitzuwirken. Über diese Jugendämter fand anschließend eine Auswahl an teilnehmenden freien Trägern der Jugendhilfe statt, die auf folgende Vereine fiel: Koblenzer Jugendtheater e.V., Kulturfabrik Koblenz e.V., Nerother Wandervögel, Pro JU e.V. und das Projekt „Arbeitslose Jugendliche". Die ausgewählten Vereine arbeiteten von nun an eng mit den Jugendämtern zusammen. Projektbegleitend wurde auf Landesebene eine Steuerungsgruppe eingerichtet, in der alle beteiligten Ministerien, alle Fort-und Weiterbildungsinstitutionen, (z.B. das Fortbildungszentrum Rheinland-Pfalz), alle Leitungskräfte der Jugendämter, der freien Träger (z. B. Koblenzer Jugendtheater e.V.), Träger (Amt für Jugend, Familie, Senioren und Soziales, Abteilung für Kinder- und Jugendförderung) sowie Vertreter/innen der an dem Projekt teilnehmenden Clemens-Brentano Realschule plus und der wissenschaftlichen Begleitung vertreten sind. Die wissenschaftliche Begleitung und Auswertung des Projektes erfolgte durch das Institut für sozialpädagogische Forschung Mainz e.V. Zu einem späteren Zeitpunkt wurde die Steuerungsgruppe mit Vertreterinnen und Vertretern der Schulaufsicht (ADD) erweitert. Aufgrund der unterschiedlichen Zuständigkeiten und Kompetenzverteilungen bei Schule und Jugendhilfe bildet die Steuerungsgruppe eine zentrale Voraussetzung, um überhaupt strukturelle Fragen bearbeiten, klären und verbindlich regeln zu können. Es ist anzumerken, dass die Durchführung des Projektes erst mit Mitteln der Aktion Mensch e.V. in diesem Umfang ermöglicht wurde.

Im Zentrum der Arbeit stand die Frage, wie sich vor dem Hintergrund einer stetig zunehmenden Gewaltbereitschaft bei Kindern und Jugendlichen ein ganzjähriges Gesamtkonzept entwickeln lässt, das alle beteiligten schulischen und schulübergreifenden Institutionen miteinander verknüpft und eine möglichst lückenlose und ganztägige Betreuung der Schüler/innen gewährleisten kann. Es sollen abgestimmte Handlungsstrategien entwickelt werden, so dass über den Aufbau lokaler Netzwerke niedrigschwellige, präventive und ambulante

Unterstützungssysteme bedarfsorientiert ausgestaltet werden können. Innerhalb des Arbeitskreises wurde schnell deutlich, dass eine qualifizierte Kooperation nicht nur den Aufbau verlässlicher Strukturen, sondern auch deren inhaltliche Füllung erfordert. Dabei zeigte sich, dass dazu eine Auseinandersetzung mit den strukturellen Differenzen, die sich jeweils aus den unterschiedlichen Aufgaben und Funktionen beider Systeme ergeben, eine notwendige Voraussetzung darstellen, um die spezifischen Handlungslogiken von Schule und Jugendhilfe zu verstehen, die wechselseitigen Erwartungen zu klären und um vor allem gemeinsame Handlungsfelder zu identifizieren. Da das Projekt ein praxisorientiertes Forschungs- und Entwicklungsprojekt darstellt, umfasst die Projektkonzeption mehrere Bausteine, die im Rahmen einer Vorbereitungsphase zusammen mit dem Arbeitskreis „Realschule plus und Jugendhilfe in der Region Koblenz" ausgearbeitet und später mit den zuständigen Ministerien abgestimmt wurden. Um den genauen Handlungsbedarf und die Ansatzpunkte genau identifizieren zu können, wurden in der Vorbereitungsphase Einzelfallrekonstruktionen durchgeführt. Anschließend wurden anhand eines vorbereiteten Leitfadens die Fallverläufe dargestellt und ausgewertet. Dies geschah einmal aus der Perspektive der Schule und einmal aus derjenigen der Jugendhilfe. Der Leitfaden gliederte sich in vier Teilbereiche: Die berufsbiographischen Merkmale der Fach- und Lehrkräfte, Einschätzungen des Wissens und Kenntnisstandes über die jeweils anderen Institutionen, ein umfangreicher Erhebungsblock zur Beschreibung und Bewertung der einzelfallbezogenen Kooperationspraxis (Häufigkeit, Anlass, Zielgruppe) und abschließend gab es die Möglichkeit, über geschlossene und offene Kategorien den Entwicklungs- und Qualifizierungsbedarf zu benennen. Auf der Basis dieser Ergebnisse wurde nun ein Hypothesenmodell entwickelt, in das eventuelle Kooperationshemmnisse sowie förderliche Entwicklungsperspektiven aufgenommen wurden. Daraufhin wurden beide Sachverhalte weiter verifiziert, inhaltlich vertieft, praktisch bearbeitet und auf ihre Übertragbarkeit hin überprüft. Die Bearbeitung und Auswertung des Leitfadens fand im Vorfeld des Projektes statt, im weiteren Verlauf wird nun die Projektstruktur skizziert. Zunächst erschien es sinnvoll, eine Auftaktveranstaltung durchzuführen, die alle beteiligten Lehrerinnen und Lehrern sowie die Fachkräfte der Jugendhilfe zusammenführt und den Auftakt einer 4-tägigen berufsbegleitenden Fortbildungsreihe darstellt. Die Auftaktveranstaltung mit dem Titel „Konfrontative Pädagogik an der Realschule plus" diente einer Standortbestimmung von Jugendhilfe und Schule. Es wurden Praxismodelle zu ambulanten Erziehungshilfen, Schulsozialarbeit und Schulverweigerung vorgestellt und diskutiert. Des Weiteren wurden konfrontative Ansätze wie das Konfrontative Soziale Training, die Keep-Cool-Gruppe, das Konfrontative Interventionsprogramm (KIP) und das Konfrontative Soziale Kompetenztraining (KSK) vorgestellt, um den Lehr- und Fachkräften einen Einblick in die Thematik zu geben. Hierbei wurde darauf geachtet, die Teilnehmer darüber zu informieren, bei welchen Programmen eine lizensierte Qualifikation (Vgl. Abs. 4.3) notwendig ist, um dieses anwenden zu dürfen. Bei Interesse an einer lizensierten Fortbildung auf konfrontativer Ebene waren entsprechende Informationsflyer erhältlich. Der darauffolgende 1. Kurstag thematisierte die lebensweltorientierte Schule und Jugendhilfe, in dem alle Teilnehmer in die rechtlichen Rahmenbedingungen (Landesverfassung, Schulgesetz, Schulordnung, SGB VIII) die Struktur, die Aufgaben, Angebote und Handlungsansätze eingeführt wurden. Der 2.Kurstag widmete sich einem funktionierenden Zusammenspiel von Jugendhilfe und Schule, in dem Handlungsansätze für das Zusammenspiel, sowie Ursachen, Deutungsmuster, Verfahrensweisen und Lösungsstrategien gemeinsam erarbeitet wurden. Der 1. und der 2.Kurstag wurden in einem Workshop inhaltlich zusammenhängend organisiert. Am 3.Kurstag wurden Fallberatungen und - besprechungen, wiederum in Zusammenarbeit von Schule und Jugendhilfe, durchgeführt. Der 4.Kurstag deckte alle wichtigen Informationen zum Umgang mit Eltern ab und informierte beispielsweise darüber, wie Eltern die Einführung des neuen Ansatzes am besten vermittelt bekommen. Des Weiteren wurde aufgezeigt, wie vorhandene personelle Lehrer-Ressourcen möglichst effizient aufteilt werden und welche unbedingt für eine erfolgreiche Umsetzung des Konzeptes notwendig sind. Am Ende der Fortbildungsreihe stand deren Auswertung, in der alle Inhalte und Methoden evaluiert und Implementierungsstrategien sowie Entwicklungsperspektiven erarbeitet wurden. Als Schlusspunkt fand eine landesweite Abschlusstagung statt, in der nochmals die Grundlagen für eine zukünftige Kooperation festgelegt und vereinbart wurden. Ebenfalls wurde darüber informiert, was in Kooperationsvereinbarungen geregelt werden soll und worauf diese abzielen. Hinzu kam die Vorstellung sämtlicher Modellprojektergebnisse. Im nächsten Schritt des Projektes war es wichtig, eine wissenschaftlich begleitete und evaluierte regionale Praxisentwicklung in den beiden Jugendamtbezirken herbeizuführen. Aus diesem Grund war es erforderlich, weitere Orte zu schaffen, an denen die Fortbildungsinhalte unter regionalspezifischen Gesichtspunkten vertieft, weitere Themenschwerpunkte aufgegriffen und in regionalen Kooperationsbezügen bearbeitet wurden. Die konkrete Praxisentwicklung fand in Arbeitsgemeinschaften statt, die aus Lehrerinnen und Lehrern und Mitarbeitern der Jugendhilfe bestanden. Sie trafen sich im Rahmen der Projektlaufzeit von 24 Monaten ca. 6-8 mal und wurden in der Regel von der wissenschaftlichen Begleitung moderiert und dokumentiert. Es wurde darauf geachtet, dass jede regionale Arbeitsgemeinschaft einen eigenen Schwerpunkt bildet und diesen mit besonderer praktischer Priorität umsetzt. Innerhalb der beschriebenen Fortbildung war es den Lehrkräften der Clemens-Brentano-

Realschule plus möglich, das oben beschriebene Konfrontative Interventionskonzept zu entwickeln und gleichzeitig das notwendige Netzwerk zur Jugendhilfe und zu anderen ambulanten Angeboten aufzubauen.

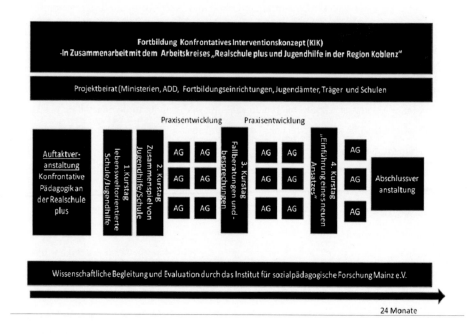

Abbildung 5: **Fiktives Fortbildungsmodell**

Alle Lehrkräfte, die an der Fortbildung teilgenommen haben, sollten nun unter Berücksichtigung aller relevanten neuen Informationen das Konzept an ihrer Schule implementieren. Da sie als Multiplikatoren fungieren sollen und für das angestrebte systemische Gesamtkonzept alle Lehrer der Schule in dieses integriert sein müssen, wurde als erstes eine Lehrerkonferenz einberufen. Hier wurden nun alle juristisch relevanten Sachverhalte geklärt und alle Lehrerinnen/Lehrer über bestehende normative Vorgaben informiert. Damit die Konferenz den zeitlichen Rahmen nicht überschritt, hatten alle Multiplikatoren entsprechendes Informationsmaterial von der Tagung mitgebracht. In diesem Zusammenhang war es sinnvoll, für jeden Sachverhalt wie z.B. die „normativen Rahmenbedingungen" oder für die „Eckpfeiler des Konzeptes" eine/n Expertin/Experten festzulegen, bei dem sich das gesamte Lehrerkollegium informieren kann und der von nun an für diesen Bereich verantwortlich ist. Im Zuge der Lehrerkonferenz wurde zunächst das pädagogischen Gesamtsetting der Clemens-Brentano-Realschule plus vorgestellt und anschließend aufgezeigt, wie das Konfrontative Interventions-Konzept in dieses implementiert wird. Das vollständig implementierte und funktionierende

Konzept sieht ein klares und abgestimmtes Regelwerk vor, an dem sich die gesamte pädagogische Arbeit orientiert. Bei allen Lehrerinnen/Lehrern des Clemens-Brentano-Kollegiums herrscht Einigkeit über dieses Regelwerk und dessen Umsetzung im pädagogischen Alltag. Des Weiteren wird der Kooperation mit den Eltern ein wichtiger Stellenwert eingeräumt. Bereits bei der Aufnahme ihres Kindes werden sie über das Konzept der Schule informiert und die wichtigsten Absprachen werden vertraglich festgehalten. Das ist notwendig, um alle Verantwortlichen der Schule juristisch abzusichern, da es wie in Abschnitt 4.3 beschrieben zu eventuellen „Verstößen" kommen kann. Auf das Fehlverhalten von Schülerinnen/Schülern wird ausnahmslos mit abgestimmten konfrontativen Handlungsmustern reagiert und es kann auf dauerhaft installierte Unterstützungssysteme zurückgegriffen werden, die im weiteren Verlauf kurz vorgestellt werden. Bei allen Kollegen/innen soll eine kontinuierliche Bereitschaft zur Fort- und Weiterbildung existieren, die als Basis für die regelmäßige Umsetzung der konzeptionellen Vorgaben im Schulalltag und für die konzeptionelle Weiterentwicklung dient. Das Gesamtsetting sieht zudem vor, dass die Schulleitung und die Lehrkräfte regelmäßig mit externen Institutionen wie Jugendamt, Polizei, Justiz und Vereinen kooperieren und kommunizieren sowie die hier bestehenden großen Ressourcen hinsichtlich Gewaltprävention nutzen. Alle besonderen Vorkommnisse und Auffälligkeiten werden mit Hilfe des eingeführten Datenverarbeitungsprogrammes laufend dokumentiert. Damit alle Schüler/innen die grundsätzlichen Leitideen des Konfrontativen Interventionskonzeptes verinnerlichen und ihr Verhalten auch kontinuierlich an diesen ausrichten, sieht der Stundenplan für jede Klasse zwei Stunden pro Woche für eine Lerngruppe vor. Innerhalb der Lerngruppe werden strukturierte und ritualisierte Unterrichtsprinzipien mit den Schülerinnen/Schülern eingeübt und ihnen das Konzept näher gebracht. In der Gruppe wird ebenfalls die Grundidee der Eigenverantwortung an die Schüler weitergegeben. D.h. sie sollen anerkennen, dass jede(r) Schüler/in und Lehrer/in Rechte und Pflichten hat und diese auch einzuhalten sind (siehe hierzu ebenfalls Abschnitt 4.3 und in der Tabelle den Abschnitt „Trainingsraum-Methode). Bei Nichteinhaltung der Prinzipien kann der Schüler jederzeit in den Trainingsraum geschickt werden. Die Vermittlung der Prinzipien innerhalb der Lerngruppe soll sich auf den Schulalltag auswirken, d.h. die Schülerinnen/Schüler sollen immer Verantwortung für ihr eigenes Handeln übernehmen, dies gilt für den Unterricht, aber genauso für die Pause. Die erste Lerngruppe findet montags statt, um den Schülerinnen und Schülern nach dem Wochenende die Grund- und Leitideen wieder in Erinnerung zu rufen. Für verhaltensauffällige Schülerinnen/Schüler werden in dieser Stunde Zielvorgaben für die Woche erarbeitet, die in dem speziellen Datenverarbeitungsprogramm festgehalten werden und somit für jeden Lehrkörper einsehbar sind.

Die zweite Lerngruppe findet freitags statt. Hier wird unter anderem die angestrebte Zielerreichung vom Montag kontrolliert, evaluiert und gegebenenfalls neue Vorgaben ausgehandelt. In der Lerngruppe können die Schüler/innen über Rückmeldesysteme stets ein Feedback zur aktuellen Situation in der Klasse abgeben und Verbesserungsvorschläge machen. Das Konfrontative Interventionskonzept der Clemens-Brentano-Realschule plus greift wie angesprochen auf dauerhafte installierte Unterstützungssysteme zurück und bietet einmal pro Woche, mittwochs eine soziale Gruppenstunde (SGS) an, deren Teilnahme auf freiwilliger Basis geschieht. Die Schüler/innen, die nicht teilnehmen möchten, müssen in der Zeit anderweitige Aufgaben lösen. Prinzipiell dient diese Gruppenstunde der Gewaltprävention und der Verbesserung des Gruppen- und Schulklimas (Inhalte und Ziele der sozialen Gruppenstunde sind in Abschnitt 4.3 und in der Tabelle einzusehen). Obige Angebote sind ausschließlich schulintern. Als schulübergreifendes Angebot gibt es donnerstags eine Keep-Cool-Gruppe (KCG), speziell für gewalttätige Schüler im Alter von 13-17 Jahren, die allerdings vorher ihre Motivation in einem speziellen 45-minütigen Aufnahmeverfahren in Form eines Bewerbungsgespräches beweisen müssen. (Zu den Inhalten und Zielen der der Keep-Cool-Gruppe (KCG) siehe Abschnitt 4.3 sowie Tabelle). Zusätzlich bietet das Konfrontative Interventionskonzept schulübergreifend ein Elterntraining an, um ihnen die Hintergründe des konfrontativen Konzeptes zu verdeutlichen und so den Einsatz einer möglichst lückenlosen Konfrontation in die Freizeit der Jugendlichen zu transferieren. Dies ist relevant, da das Konzept erst bei konsequenter und langfristiger Anwendung seine Effizienz zeigt.

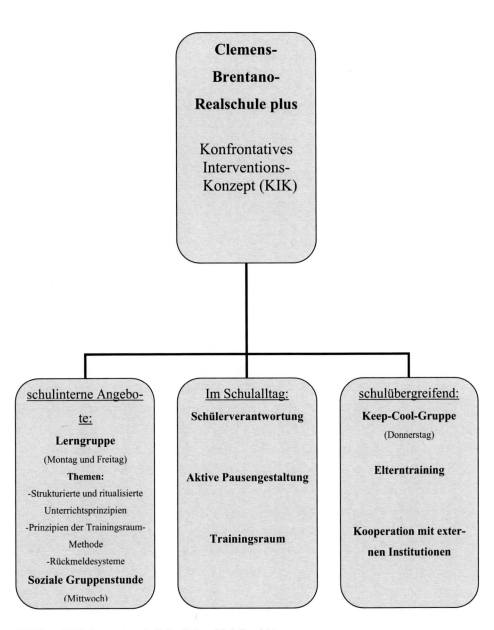

Abbildung 6: Schulsystem innerhalb des fiktiven Modellprojektes

6 Fazit und Handlungsperspektiven

Soziale Arbeit und Pädagogik werden heutzutage mit einer zunehmenden und unspezifischen gesellschaftlichen Forderung nach mehr Härte und Konsequenz gegenüber gewaltbereiten Kindern und Jugendlichen konfrontiert. Für diese Forderungen lassen sich jedoch keine realistischen oder empirisch belegten Grundlagen finden. Die sogenannte „Jugend" verhält sich durchschnittlich nicht gewalttätiger, als sie dies vorher getan hat (Vgl. Von Wolffersdorf 2006, S.137f). Eher ist zu beobachten, dass ein Großteil der Kinder und Jugendlichen nicht auffälliger geworden ist und ein ansprechendes Benehmen und Verhalten vorweist. Die Anzahl der mehrfachauffälligen Intensivtäter ist gering, jedoch sind es gerade diese Delinquenten, die das argumentative Futter für die mediale Überpräsenz der Thematik liefern. Es ist diese kleine Gruppe der „Jugendkriminalitäts-Elite", die den Eindruck erweckt, dass sie die gesamte Republik mit ihren gewalttätigen Ausbrüchen überfordert (Vgl. Grummt 2006, S7f.). Dennoch muss sich Schule und soziale Arbeit auch auf diese kleine Gruppe einstellen und ihr mit angemessenen Konzepten begegnen. Aber auch im Sinne der erweiterten schulischen Aufgaben und von Prävention gewinnen innovative pädagogische Maßnahmen an Bedeutung. Basis für eine funktionierende Umsetzung der konfrontativen Konzepte ist eine gelungene Vernetzung von Schule und Jugendhilfe, denn erst wenn die strukturellen Grundvoraussetzungen getroffen wurden, kann effizient gearbeitet werden. Das heißt, eine enge Kooperation aller am Erziehungsprozess beteiligten Institutionen wie Schule, Eltern und Jugendhilfe ist absolut notwendig und zielführend. Mögliche Handlungsansätze, um die Kooperation zu verbessern sind beispielsweise die Integration von Schulleitung oder Schuldelegierten in Jugendhilfeplanungsprozesse. Das könnte z.B. durch die Teilnahme an Planungsgremien der Jugendhilfe erreicht werden. Zudem ist es sinnvoll, im Rahmen von Schulentwicklungsplanungen darauf zu achten, an welchen Stellen Kooperation wichtig ist und wie ein regelmäßiger und gut organisierter Austausch der Planungsfachkräfte zu erzielen ist. Seitens der Schule sollte überlegt werden, wie die Schulperspektive bestmöglich im Jugendhilfeausschuss (Umsetzung der Leitideen im Schulalltag wie z.B. während der Schulaufsicht) vertreten sein kann und wie der Austausch zwischen den Schulen optimiert werden kann. Es ist des Weiteren anzuraten, dass der Schulträgerausschuss die Möglichkeit für gemeinsame Sitzungen mit dem Jugendhilfeausschuss eröffnet. Da in der alltäglichen Routine wenig zeitliche Spielräume vorhanden sind, um sich über gemeinsame Anliegen, Problemstellungen und Bedarfslagen der Jugendlichen auszutauschen, sind gemeinsame Fortbildungen von Jugendhilfe und Schule zielführend. Andererseits könnte ein wechselseitiges Informations- und Wissensdefizit ein zentrales Hemmnis darstellen. Zudem stellen regelmäßige Fortbildungen ein geeignetes Medium dar, um Handlungsansätze und methodische Vorgehensweisen gemeinsam zu trainieren und einen wechselseitigen Erfahrungsaustausch fernab von einem handlungsbelasteten Raum wie Schule oder Jugendhilfe zu ermöglichen. Außerdem sollte es zuständige Lehrpersonen für die Planung der Fortbildungen geben, die immer in Abstimmung mit der Schulaufsicht (ADD) und dem Institut für schulische Fortbildung erfolgen sollte. Die Themen der Fortbildung sollten sich möglichst an konkreten Schnittstellen und Arbeitsbeziehungen zur Jugendhilfe orientieren. Natürlich bestehen in diesem Zusammenhang auch von Seiten der Jugendhilfe viele Handlungsperspektiven, die im Rahmen dieser Arbeit jedoch nicht näher geklärt werden können. Sämtliche Vereinbarungen zwischen Schule und Jugendhilfe sollten in Form einer Kooperationsvereinbarung schriftlich festgehalten werden, da dies eine effektive Möglichkeit darstellt, ihre Zusammenarbeit innovativ und projekthaft zu gestalten. Zu Beginn jeder Konzeptimplementierung ist es ebenfalls wichtig, den notwendigen pädagogischen Nährboden im Sinne einer induzierten Veränderungsbereitschaft bei den Schülerinnen/Schülern zu schaffen, da ohne diese zwingende Voraussetzung jegliche Motivation und Arbeit der Lehrkräfte verpuffen würde. Die Konsequenz wären in diesem Fall frustrierte Pädagogen sowie Jugendliche auf dem Weg in die Delinquenz. Um Erfolge zu verbuchen, ist es weiterhin unabdingbar, dass in den konfrontativen Konzepten verschiedene Methoden angewendet werden und diese langfristig geplant und aufgestellt werden. Bei ungenauer und überhasteter Implementierung besteht die Gefahr, dass diese auf Kosten einer zielgenauen Einpassung und eines Qualitätsverlustes geschieht.

Auch die aktuelle Bildungspolitik hat die Vorzüge innovativer Ansätze erkannt und mittlerweile entsprechende Förderungsmaßnahmen für die Implementierung neuer Konzepte in die Wege geleitet. So erhält die neue Realschule plus gegenüber der bisherigen Realschule deutlich mehr Lehrerstunden zugewiesen, was sowohl den Pflichtstundenbereich als auch Fördermaßnahmen einschließt. Darüber hinaus können die Schulen zusätzliche Stunden beantragen, um eigene Förderkonzepte umzusetzen. Dafür wurden insgesamt 6.000 Lehrkräfte-Wochenstunden auf Dauer zur Verfügung gestellt. Weiterhin ist jede zukünftige Realschule plus angehalten, eine „Steuergruppe Realschule plus" einzurichten. Das Ministerium hat zur Unterstützung einen Informationsflyer an die Schulen verschickt, in dem Anrechnungsstunden, Fortbildungsbudget und ein weiterer Studientag geregelt sind. Das Fortbildungsbudget in Höhe von 1000 -€ kann jede Realschule plus, die die Option erhalten hat, beim Pädagogischen Landesinstitut beantragen. Dies gilt für aktuelle und zukünftige Realschulen plus bereits im Vorbereitungsjahr und im Jahr der Errichtung. Unter Beachtung oben beschriebener Handlungsperspektiven stellt die Konfrontative Pädagogik durchaus einen effizienten Ansatz dar, wie erste Evaluationen von Anti-Aggressivitäts- und Coolness-Trainings durch Jens Weidner und Rainer Kilb ergeben haben (Vgl. Weidner / Kilb 2000, S.381). Die Evaluationen zeigen, sich die anfängliche Skepsis gegenüber einer Implementierbarkeit in bestehende Institutionen nicht bestätigt hat. 90 Prozent der Anwender/innen charakterisieren diese als gut integrierbar. Auch die Rückmeldungen der Klienten zum Stellenwert der Maßnahmen sind durchaus positiv. So sagen 55 Prozent der Teilnehmer, sie seien weniger reizbar, 27 Prozent können sich in Konflikten besser steuern oder verfügen über andere Handlungsalternativen in Konfliktsituationen. 18 Prozent haben weniger Ärger mit Polizei und Justiz und fühlen sich besser in die eigene Familie und ihr Umfeld eingebunden (Vgl. Weidner / Kilb 2000, S.381).

Die Informationen und das Wissen über die Konfrontative Pädagogik, die ich mir im Zuge der vorliegenden Arbeit angeeignet habe, zeigen mir, dass mit diesem Ansatz durchaus eine Lücke in der Sekundärprävention geschlossen und auch präventiv gearbeitet werden kann. Die Kinder und Jugendlichen können über einen solchen Ansatz angesprochen und erreicht werden sowie sich für die Auseinandersetzung mit den hinter der Gewaltbereitschaft stehenden Problemen und Schwierigkeiten öffnen. Sie sind durchaus in der Lage, sich auf konfrontative und emotionale Begegnungen einzulassen und können in der Folge ermutigt und stabilisiert werden. Soziales Lernen, dass zu einem gewaltfreien Zusammenleben führt, kann also ermöglicht werden. In diesem Sinne kann Konfrontative Pädagogik einen wichtigen Beitrag für unsere Gesellschaft leisten.

7 Literaturverzeichnis

ANDERSON, James / DYSON, Larondistine / BURNS, Jerold (1999) Boot camps: An intermediate sanction, Lanham and Oxford 1999.

BAUSMANN, Uta (2006) Liebe den Sünder, hasse die Sünde! In: Konfrontative Pädagogik in der Schule. Anti-Aggressivitäts- und Coolnesstraining, 2. Auflage, Weinheim und München: Juventa Verlag, S. 107-142.

BENDA, Brent (2001) Factors that discriminate between recidivists, parole violaters, and non recidivists in a three-year follow-up of boot camp graduates, in: International journal of offender therapy and comparative criminology 45/issue 6/2001, S.711-729.

BENDA, Brent / TOOMBS, Nancy (2002) Two preeminent theoretical models: A proportional hazard rate analysis of recidivism, in: Journal of Criminal Justice 30/2002, S.217-228.

BENDA, Brent / TOOMBS, Nancy / PEACOCK, Marc (2003) Discriminators of types of recidivism among boot camp graduates in a five-year follow-up study, in: Journal of Criminal Justice 31/issue 6/2003, S.539-551.

BOURQUE, Blair / CRONIN, Roberta / FELKER, Daniel / PEARSON, Frank / HAN, Mei / HILL, Sarah (1996) Boot camps for juvenile offenders: An implementation of three demonstration programs. National Institute of Justice, Washington D./C.

BRÜNDEL, Heidrun / SIMON, Erika (2007) Die Trainingsraum-Methode. Unterrichtsstörungen – Klare Regeln, klare Konsequenzen, 2. erweiterte und aktualisierte Auflage, Weinheim und Basel: Beltz-Verlag.

BÜCHNER, Roland (2006) Soziale Kompetenz und Gewaltprävention – das Interventionsprogramm „Konfrontative Pädagogik in der Schule", in: Konfrontative Pädagogik in der Schule. Anti-Aggressivitäts- und Coolnesstraining, 2. Auflage, Weinheim und München: Juventa Verlag, S. 161-218.

BÜCHNER, Roland / ZIEGLER, Martin (2005) Konflikt- und Teamkompetenz ist trainierbar!" – Konfrontative Soziale Kompetenz-Trainings (KSK®) an der Schnittstelle von Schule, Ausbildung und Beruf. In: Koch-Laugwitz, U./Büchner, R. (Hg.): „Konfrontative Pädagogik" – Neue Handlungsstrategien im Umgang mit Kinder und Jugendlichen als Täter und Opfer in einer Erziehenden Schule. Dokumentation zur Fachtagung am 26. April 2005 in der Friedrich-Ebert-Stiftung. Berlin.

BURNS, Jerald (1995) An impact analysis of the Alabama boot camp program. Federal probation 59, Nr.1, S.63-67.

BURSCHYK, Leo / SAMES, Karl-Heinz / WEIDNER, Jens (2000) Das Anti-Aggressivitäts-Training: Curriculare Eckpfeiler und Forschungsergebnisse, in: Weidner/ Kilb/ Kreft (Hrsg.): Gewalt im Griff, Band I, neue Formen des Anti-Aggressivitäts-Trainings, 2.Auflage, Weinheim: Beltz Verlag, S.74-90.

COLE, Georg / FRANKOWSKI, Stanislawski/ GERTZ, Mark (1987) Major Criminal Justice Systems: A Comparative Survey, 2. Auflage Newbury Park/CA.

COLLA, Herbert E. / SCHOLZ, Christian / WEIDNER, Jens (2008) Konfrontative Pädagogik. Das Glen Mills Experiment, 2. unveränderte Auflage der 2001 erschienenen Ausgabe, Mönchengladbach: Forum Verlag Godesberg GmbH.

CORREIA, Mark (1997) Boot camps, exercise, and delinquency. An analytical critique of the use of physical exercise to facilitate decreases in delinquent behavior. Journal of contemporary criminal justice 13, Nr.2, S.94-113.

CORSINI, Raymond (1994) Handbuch der Psychotherapie. Bd. 2. Weinheim: Beltz-Verlag.

COWLES, Ernest / CASTELLANO, Thomas / GRANSKY, Laura (1995) Boot camp drug treatment and aftercare intervention: an evaluation review. National Institute of Justice. Washington/D.C.

CRONIN, Roberta (1994) Boot camps for adult and juvenile offenders: overview and update. National Institute of Justice. Washington/D.C.

DENZ, Annette / WEIDNER, Jens (2003) Vom Straftäter zum Gentleman. Stationäre Erziehung in Glen Mills ohne Schloss und ohne Riegel, Mönchengladbach: Forum Verlag Godesberg GmbH.

DEPARTMENT OF JUSTICE (2002) National multi-site process evaluation of Boot camp planning grants: An analysis of correctional program planning, final report. San Francisco/C.A.

DEUTSCHES JUGENDINSTITUT e.V. (2001) Die Glen Mills Schools, Pennsylvania, USA. Ein Modell zwischen Schule, Kinder- und Jugendhilfe und Justiz? Eine Expertise.

DREßEL, Eva (2007) Projekt Chance. Eine Alternative zu herkömmlichen Jugendstrafanstalten, 1. Auflage, Münster: Waxmann Verlag GmbH.

DÜRING, Günter (1956) Der Grundrechtssatz von der Menschenwürde, in: AöR 81, S.117-157.

FARRELLY, Frank / MATTHEWS, Scott (1994) Provokative Therapie. In: Corsini, Raymond J. (Hrsg.): Handbuch der Psychotherapie. Bd. 2. Weinheim: Beltz-Verlag, S.956–977.

GALL, Rainer (2001) „Verstehen aber nicht einverstanden sein", Coolness-Training für Schulen, in: Weidner/Kilb/Kreft (Hrsg.): Gewalt im Griff, Band I, neue Formen des Anti-Aggressivitäts-Trainings, 2.Auflage, Weinheim: Beltz Verlag, S.150-171.

GALUSKE, Michael (2008) „Erziehungscamps" zwischen Dichtung und Wahrheit – Über die Schwierigkeiten von Evaluationen in „vermintem" Gelände, in Forum Erziehungshilfe, Heft 3, 2008, S. 236-243.

GENERAL ACCOUNTING OFFICE (1993) Prison boot camps. Short-term prison cost reduced, but long-term impact uncertain. Washington/ D.C.

GENERAL ACCOUNTING OFFICE (2008) Residential programs. Selected cases of death, abuse and deceptive marketing. Washington/D.C.

Gesamtschulen, Gymnasien, Kollegs und Abendgymnasien (Übergreifende Schulordnung) vom August 2009, 1. Auflage.

GESCHER, Norbert (1998) Boot Camp-Programme in den USA. Ein Fallbeispiel zum Formenwandel in der amerikanischen Kriminalpolitik, erschienen in Band 3 der Schriften zum Strafvollzug, Jugendstrafrecht und zur Kriminologie, Mönchengladbach: Forum Verlag Godesberg.

GOUDY, Voncile (1996) Historical perspective. In: MacKenzie, Doris / Herbert, Eugene (Hrsg.): Correctional boot camps: A though intermediate sanction. National Institute of Justice (NCJ – 157693). Washington D. /C., S.1-15.

GRUMMT, Rene / SCHRUTH, Peter / SIMON, Titus (2010) Neue Fesseln der Jugendhilfe: Repressive Pädagogik, Baltmannsweiler: Schneider Verlag Hohengehren GmbH.

GRÜNER, Thomas / HILT, Franz (2004) Wirksamkeitskriterien in der Praxis. Das Präventionsprogramm Konflikt-KULTUR, in: ajs informationen. Fachzeitschrift der Aktion Jugendschutz Baden-Württemberg Nr.2/40. Jahrgang, S.4-9.

GUDJONS, Herbert (2008) Pädagogisches Grundwissen, 10. Auflage, UTB Verlag.

HEILEMANN, Michael / FISCHWASSER-VON-PROECK, Gabriele (1998) Kampagne gegen Gewalt – das Management destruktiver Aggressivität, in: ZfStrVo 1998, S.228-231.

HEIN, Knud-Christian (2007) Rechtliche Grenzen von Anti-Aggressivitäts-Trainings. Kriminalwissenschaftliche Schriften, Band 12, Berlin: LIT-Verlag.

HILL DESOUZA, Sarah (1995) An evaluation of the educational achievement of juveniles at the Mobile, Alabama boot camp program. Ann Arbor/Michigan.

HMDJ = Hessisches Ministerium der Justiz: Abschlussbericht der Expertenkommission zur Verbesserung der rechtlichen und tatsächlichen Instrumentarien zur Bekämpfung der Jugendkriminalität für das Jahr 2008.

HOENIG, Andreas (2008) Konfrontative Pädagogik. Zauberformel für die Arbeit mit Aggressiver Klientel?! – Alltagstauglichkeit einer „besonderen" Pädagogik, aus der Online-Schriftenreihe zur Sozialen Arbeit, Band 1,Vechta: Vechta-Verlag für Studium, Wissenschaft und Forschung.

KANNENBERG, Lothar (2002) Durchboxen. Ich lebe. Kassel: Opal Verlag.

KELLY, Francis /BAER, Daniel (1971) Physical challenge as a treatment for Delinquency. Crime and delinquency 17, S.437-445.

KILB, Rainer / WEIDNER, Jens / GALL, Reiner (2009) Konfrontative Pädagogik in der Schule. Anti-Aggressivitäts- und Coolnesstraining, 2. Auflage, Weinheim und München: Juventa Verlag.

KÖTTGEN, Charlotte (2007) Ausgegrenzt und mittendrin: Jugendliche zwischen Erziehung, Therapie und Strafe. Grundsatzfragen Bd. 46. Frankfurt am Main: Internationale Gesellschaft für erzieherische Hilfen.

KROHN, Alexander/ HINRICHS, Jens / MAUCH, Sönke (2006) Konfrontatives Soziales Training in einer Schule im sozialen Brennpunkt, in: Konfrontative Pädagogik in der Schule. Anti-Aggressivitäts- und Coolnesstraining, 2. Auflage, Weinheim und München: Juventa Verlag, S. 143-160.

LANDESVERFASSUNG RHEINLAND-PFALZ in der Fassung vom 16.12.2005.

LENZEN, Dieter (2002) Erziehungswissenschaft. Ein Grundkurs. Hamburg: Reinbeck Verlag.

LINDNER, Werner (1999) Jugendliche und Jugendarbeit im Kontext der gegenwärtigen Sicherheitsdebatte, in: Deutsche Jugend, H. 4, Jg. 47, S. 153-162.

MAC KENZIE, Doris / SHAW, James (1990) Inmate adjustment and change during shock incarceration: The impact of correctional boot camp programs. Justice quarterly 7, S.125-150.

MACKENZIE, Doris / SOURYAL, Chris (1996) Multi side study of correctional boot camps. In: MacKenzie, Doris / Herbert, Eugene (Hrsg.): Correctional boot camps: A though intermediate sanction. National Institute of Justice (NCJ – 157639). Washington D./C., S.287-297.

MEIER, Bernd-Dieter (2003) Kriminologie. München: Beck-Verlag.

MÜLLER, Heinz / KÜGLER, Nicole (2007) Qualifizierte Kooperation von Jugendhilfe und Schule im (Vor-) Feld der Hilfen zur Erziehung - Eine Arbeitshilfe für die Praxis, herausgegeben vom Ministerium für Bildung, Wissenschaft, Jugend und Kultur Rheinland-Pfalz und dem Ministerium für Arbeit, Soziales, Gesundheit, Familie und Frauen Rheinland-Pfalz, Mainz: Schriftenreihe Erziehungshilfen in Rheinland-Pfalz.

PÖHLKER, Reinhard (1990) Gewalt im Griff, Ansätze einer konfrontativen Pädagogik, in: Hilfen gegen Gewalt, Pädagogik 1/99, S.17-20.

RATLIFF, Bascom (1988) The army model. Boot camp for youthful offenders. Corrections today, Dez. 1988, S.98-102.

REID MACNEVIN, Susan (1997) Boot camps for young offenders. Journal of contemporary criminal justice 13, S.155-171.

RUSCHE, Georg / KIRCHHEIMER, Otto (1988) Sozialstruktur und Strafvollzug. Frankfurt am Main: Europäische Verlagsanstalt.

RZEPKA, Dorothea (2004) Anti-Aggressivitäts-Training – Anmerkungen aus verfassungsrechtlicher und kriminologischer Sicht, in: Unsere Jugend 2004, S.126-137.

SCHAWOHL, Horst (2001) Von Glen Mills lernen. Vom Interventionsrecht zur Interventionserlaubnis im deutschen Anti-Aggressivitäts-Training. In: Colla, Herbert E./Scholz, Christian/Weidner, Jens (Hrsg.): "Konfrontative Pädagogik" – Das Glen Mills Experiment. Mönchengladbach : Forum Verlag Godesberg, S. 199-226.

SCHÖCH, Heinz / JEHLE, Jörg-Martin (2004) Angewandte Kriminologie zwischen Freiheit und Sicherheit, 1. Auflage, Mönchengladbach: Forum Verlag Godesberg GmbH.

SGB VIII = Sozialgesetzbuch, achtes Buch: Kinder- und Jugendhilfe, in der Fassung vom 17.12.2008.

SCHULGESETZ RHEINLAND-PFALZ vom 30.04.2004 in der Fassung vom 2.12.08.

SCHULORDNUNG RHEINLAND-PFALZ für die öffentlichen Realschulen plus, Integrierten

SILBEREISEN, Rainer / SCHUHLER, Petra (1993) Prosoziales Verhalten, in: Markefka, M./ Nauck, B.: Handbuch der Kindheitsforschung, Neuwied, S. 275-288.

SIMON, Titus (2003) Wenn Zuwendung nicht hilft, hilft Konfrontation? Zur AAT/CT-Debatte, in: Sozialextra 4/2003. S.38-41.

SMITH, Beverly (1998) Military training at New York`s Elmira Reformatory 1888-1920 federal probation 52, Nr. 2, S.30-37.

SONDERVAN, William (1995) Boot camp incarceration training: A process in behavioral change. Virginia.

TISCHNER, Wolfgang (2004) Konfrontative Pädagogik- die vergessene „väterliche" Seite der Erziehung, in: Weidner, J./Kilb R.: Konfrontative Pädagogik, Wiesbaden, S. 25-49.

TYLER, Jerry / DARVILLE, Ray / STALNAKER, Kathi (2001) A descriptive analysis of program diversity and effectiveness, in: The Social Science Journal 38/2001, S.445-460.

VITO, Gennaro (1984) Developments in shock probation. A review of research findings and policy implications. Federal probation 48, Nr.2, S. 22-27.

VON WOLFFERSDORF, Christian (2006) Kriminalität, Prävention und die Suggestion von „Nulltoleranz". Vom schwierigen Umgang mit schwierigen Jugendlichen, in: Witte, Matthias / Sanders, Uwe (Hrsg.) Erziehungsresistent? „Problemjugendliche" als besondere Herausforderung der Jugendhilfe, Baltmannsweiler: Schneider Verlag Hohengehren. S.137-149.

WEIDNER, Jens / KILB, Rainer (2000) So hat noch nie jemand mit mir gesprochen- eine erste Auswertung zu Möglichkeiten und Grenzen des Anti-Aggressivitäts- und Coolness-Trainings, in: DVJJ-Journal: Zeitschrift für Jugendkriminalrecht und Jugendhilfe, Heft 4, 2000, S.379-384.

WEIDNER, Jens / KILB, Rainer (2008) Konfrontative Pädagogik. Konfliktbearbeitung in sozialer Arbeit und Erziehung, 3. Auflage, Wiesbaden: VS Verlag für Sozialwissenschaften.

WEIDNER, Jens / KILB, Rainer / KREFT, Dieter (2002) Gewalt im Griff. Neue Formen des Anti-Aggressivitäts-Trainings. Bd.1. Weinheim; Basel: Beltz Verlag.

WEIDNER, Jens / WOLTERS, Jörg Michael (1999) Aggression und Delinquenz: Ein spezialpräventives Training für gewalttätige Wiederholungstäter, in: MschrKrim, S.210-223.

WILLEMS, Herbert (2008) Lehr(er)buch Soziologie. Für die pädagogischen und soziologischen Studiengänge, Band 1, Wiesbaden: VS Verlag für Sozialwissenschaften.

WILLMAN, Herb, CHUN, Ron (1973) Homeward Bound. An alternative to the institutionalization of adjucated juvenile offenders. Federal probation 37, Nr.3, S.52-58.

WITTE, Matthias / SANDERS, Uwe (2006) Erziehungsresistent? „Problemjugendliche" als besondere Herausforderung der Jugendhilfe, Baltmannsweiler: Schneider Verlag Hohengehren.

WOLTERS, Jörg- Michael (2001) Konfrontative Sozialpädagogik. Streitschrift für ein endliches Umdenken in Jugendhilfe, Jugendstrafvollzug und Jugendpsychiatrie, in Sozialmagazin, Heft 5, 2001, S. 27-33.

Internetquellen

GATHMANN, Florian (2008) Boot Camps in den USA - Das Versagen der Drill-Maschine, Artikel vom 03.01.2008, www.spiegel.de/politik/ausland, 25.09.11, 14.48.

JTLK = Jugendhilfeeinrichtung Trainingscamps Lothar Kannenberg (2008) Konzept: www.durchboxen.de, 09.11.09, 18.00.

JGG = Jugendgerichtsgesetz vom 04.08.1954 in der Fassung vom 22. 12.2010.

KLINGMANN, Eva Maria (2007) Halliggruppe-Leistungs- und Qualitätskonzept der kooperativen Kinder- und Jugendhilfemaßnahme an der Johann-Hinrich-Fehrs-Schule: www.halliggruppe.de, 25.09.11, 13.55.

Nelson, MELISSA (2007) FREISPRÜCHE NACH TOD IM BOOT-CAMP, ARTIKEL VOM 13.10.2007, http://www.stern.de/panorama/us-erziehungslager-freisprueche-nach-tod-im-boot-camp-600093, 25.10.11, 15.19.

PRISMA JUGENDHILFE offizielle Internetpräsenz der Prisma Jugendhilfe e.V.: www.prisma-jugendhilfe.de, 28.09.11, 15.55

RIEKER, Peter (2011) "Akzeptierende" und "Konfrontative" Pädagogik: Differenzen - Gemeinsamkeiten – Entwicklungsbedarf. www.konfrontative-paedagogik.de, 04.10.11, 18.24.

TRAPPER, Thomas (2006) „Projekt Chance" im CJD Creglingen, herausgegeben von der offiziellen Internetpräsenz des Christliches Jugenddorfwerk Deutschlands e. V.:

http://projekt-chance.cjd.de, 28.09.11, 15.23.

8 Abbildungsverzeichnis